Àlex Martínez Miralpeix

MULTIPLICA TU
CAPACIDAD MENTAL

HISPANO
EUROPEA

A mi novia, Anna.

A mis padres, Carlos y Esther.

A mi hermana Sara.

A los hijos que están por venir.

A mi maestro y campeón del mundo de memoria, Ramón Campayo.

A mis alumnos.

Y a todas las personas que han confiado en mí
para los cursos de técnicas de estudio en el Liceo Francés de Barcelona,
especialmente Manel Bosch, Carmen Gallego y Rosa Ureta.

Introducción

Este libro va dirigido a todas aquellas personas que quieran hacerse fácil la vida y quieran tener un desarrollo personal más satisfactorio. El objetivo principal del libro es la mejora en la agilidad mental, para que todo el mundo se pueda mover en sociedad de una forma más cómoda, sin miedos, ya que su capacidad mental será más eficaz de lo que era, lo que generará más seguridad y tranquilidad.

Habrá personas que lean este libro solo en clave académica, que quieran mejorar sus resultados, pero, además de este objetivo, también pueden lograr otros, como una mayor comprensión cuando tengan que leer un contrato, mejor memoria para recordar un número de cuenta o teléfono, mayor capacidad en el aprendizaje de lenguas, u otros objetivos que hoy en día nos pueden resultar difíciles de alcanzar y que, después de la aplicación de las técnicas que aquí se ofrecen, pueden llegar a ser una diversión.

Desde la perspectiva más subjetiva y personal, puedo decir que llegar hasta la sexta posición del Campeonato Mundial de Memorización celebrado en Roma en el 2011, no se puede hacer de otra forma que divirtiéndose a la vez que siendo regular en los entrenamientos. Todas y cada una de las técnicas que aquí se plantean han sido aplicadas por mí y puedo decir que son realmente útiles y claramente eficaces. Sirven tanto para los que las quieran para estudiar cualquier tipo de materia, como para los que las quieran para hacerse la vida cotidiana más fácil, o para aquellos que quieran dedicarse a la competición.

Para acabar, querría recordar y parafrasear al psicólogo Lev Vigotsky, profesional desconocido pero muy importante, sobre todo en psicología del desarrollo y psicopedagogía. Él recordaba la ley de Arquímedes diciendo que la palanca multiplicaba la fuerza de la persona, ya que lo que no podía levantar a pulso, sí lo podía levantar con la ayuda de diferentes palancas.

«Dadme un palo y un punto de apoyo que levanto el mundo.»

Vigotsky decía que el lenguaje era al pensamiento lo que la palanca a la fuerza humana; en sí, un instrumento que permite multiplicar la capacidad del pensamiento, la fuerza mental. Por el mismo paralelismo, las técnicas que aquí se ofrecen permiten multiplicar la capacidad mental de la persona en su desarrollo personal, social y académico. Acciones tan cotidianas como recordar una matrícula, un número de teléfono, leer un libro, aprender un idioma. A los estudiantes, recordar datos, que suelen dar pereza, puede llegar a ser sencillo y rápido de hacer.

Presentación

Para realizar un acercamiento a nuestra mente tenemos que empezar a plantearnos la manera en que funciona nuestro cerebro. Muchas veces se insiste a la persona que no va bien en la escuela o universidad en que **estudie más**, pero nunca se le dice que **estudie mejor**, que seguramente sería lo más adecuado. Generalmente, si una persona no estudia es por que no tiene motivación para hacerlo, así que insistir en que aumente el tiempo de estudio solo servirá para que desaparezcan las pocas ganas que tiene de estudiar. En este momento el lector se puede estar preguntando si lo que aquí se propone es una fórmula mágica y que la causa principal del mal rendimiento en los estudios son las pocas ganas. Evidentemente que existen otros factores en las dificultades de superación académicas, como pueden ser la dificultad para establecer rutinas o la falta de responsabilidad, entre otras. Pero la falta de una técnica efectiva que facilite la aprehensión del conocimiento resulta una de las fundamentales, y en nuestra sociedad se le da poca importancia. Podemos observar como la técnica de memorización de alumnos de secundaria y la de opositores de los más altos niveles no dista mucho: normalmente se basa en la repetición constante de los fragmentos, a fuerza de decirlo una y otra vez el texto va quedando y según se dice también se va entendiendo. Este hecho puede hacer pensar que no hay mucha técnica, ya que con el tiempo no se ha logrado facilitar la forma de aprender, parece que se usa la fuerza bruta de la mente para memorizar. Buscando una comparación en el mundo físico podemos ver que para transportar objetos pesados, por ejemplo en una mudanza,

se ha ido mejorando la técnica a lo largo de los años y de los siglos, al principio se cogían los objetos (ligeros o pesados) y se llevaban al lugar de destino con las propias manos y/o con la ayuda de otras personas. Actualmente podemos ver que para hacer una mudanza existen diferentes máquinas e instrumentos que facilitan el transporte, como pueden ser un camión, plataformas deslizantes, ascensores, elevadores, cajas de cartón, entre otras. Este ha sido uno de los factores que hace que cada vez sea más sencillo cambiar de casa aumentando las comodidades de los hogares. Con todo ello se quiere mostrar cómo ha ido evolucionando un sector humano para hacer la vida más fácil a lo largo del tiempo. En cambio, las técnicas de estudio han sido siempre muy parecidas, aunque el cuerpo de conocimientos ha ido aumentando mucho. Una de las cosas que sorprende más es que la técnica de memorizar repitiendo lo que la persona tiene que saber da buenos resultados, ya que la gente aprueba y pasa de curso. El problema yace en que cuando se le pregunta a la persona al cabo de unos días del examen sobre alguno de los temas que estudió, por lo general no lo recuerda. Así que como tampoco le van a volver a preguntar sobre lo que ya se ha examinado, no existe razón para utilizar otra técnica que facilite una mayor retentiva ni memoria. Esta técnica puede ser efectiva durante la formación académica para ir pasando, pero, en la vida laboral, todo se vuelve más exigente y es donde de verdad se desarrollan las capacidades. Por eso los primeros meses de trabajo son duros, porque requieren una adaptación, y aprender lo que en principio ya estaba aprendido.

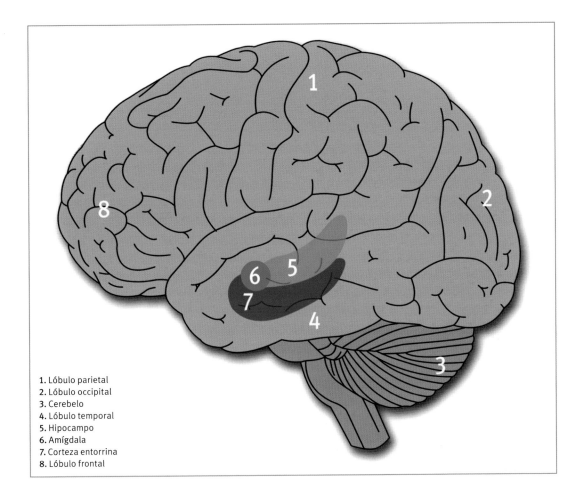

1. Lóbulo parietal
2. Lóbulo occipital
3. Cerebelo
4. Lóbulo temporal
5. Hipocampo
6. Amígdala
7. Corteza entorrina
8. Lóbulo frontal

A la vez, el polo opuesto son las personas que después de una vida de trabajo se jubilan. Acostumbrado el cerebro a estar trabajando durante tiempo, en el momento que deja de estar activo va perdiendo facilidad de acceso a las funciones. En este libro se proponen una serie de ejercicios y técnicas que permiten tener la mente activa y, sobre todo, ayudan a la memoria, atención y percepción.

Este libro con DVD proporciona técnicas de entrenamiento mental que favorecen la agilidad del cerebro, tanto para el estudio como para la vida cotidiana. A cualquier persona que quiera mejorar en tareas tan sencillas como leer más rápido, memorizar la lista de la compra, recordar hechos, recordar caras, datos importantes, le pueden resultar de gran ayuda las técnicas que aquí se aplican.

El cerebro es como un músculo: cuanto más se entrena, más fuerte está. Los ejercicios propuestos permiten un mayor desarrollo y una mayor salud mental. El crecimiento es en memoria y también en atención y percepción.

EL FUNCIONAMIENTO MENTAL

Principios

El ser humano está en un lugar. Este lugar se llama territorio, y de buenas a primeras es desconocido. Para poder conocerlo, la persona tiene que moverse e interactuar, posteriormente veremos cómo lo hace. Al interactuar se genera una representación de esta realidad, a la que llamaremos *mapa*, el **mapa del territorio**. Así, nos encontramos con tres niveles diferentes: el patrón, que seria el territorio; el mapa, que contiene la estructura de este territorio, y, a la vez, el contenido del territorio. Muchas veces, en el estudio nos fijamos excesivamente en el contenido del material que estudiamos, hasta los mismos docentes explicando «lo que saldrá a examen», olvidando la estructura del contenido. La estructura normalmente confiere más información que el contenido, ya que es la forma. Si imaginamos un cuerpo humano, como unidad, lo veremos con claridad, su esqueleto y sus partes blandas (músculos, órganos y piel). Si observamos el esqueleto, fácilmente se identificará esta estructura con un humano. En cambio, si tenemos el contenido (músculos, órganos y piel), costará más identificarlo, ya que no tendrá forma, no habrá una estructura que lo sustente. Aunque contenga las partes más importantes y vitales del cuerpo, costará de identificar. Lo mismo sucede con el conocimiento: si no se sabe explicar su estructura o tenerla presente, la comunicación puede resultar confusa, por mucho contenido que se adquiera. Por todo ello es importante conocer la forma en que el ser humano empieza a interactuar con la realidad y cómo elabora la información que le llega del territorio.

El primer contacto que el ser humano tiene con la realidad es a través de la sensación. El estímulo externo al cuerpo toma contacto con los sentidos y, a partir de ese momento, se empieza a procesar a través de la percepción del cuerpo, que es la elaboración que hace el cuerpo humano para integrar lo que fuera de él sucede. Posteriormente llega al cerebro, dónde se acaba de procesar, para lograr la toma de conciencia del estímulo externo, a la vez que su elaboración mental y abstracción, aportando un significado, si es bueno, si es malo, si le recuerda a algo, si le resulta agradable o, por el contrario, desagradable.

Si pensamos en un objeto cualquiera, como puede ser un bolígrafo o una silla, nos podemos empezar a preguntar lo que podemos decir para obtener una definición, para que al oírlo otra persona se pueda hacer una idea clara. Si el lector hace el ejercicio mental de intentar definir un bolígrafo o la silla en la que están sentados se podrán hacer una idea de lo que aquí se está planteando. Probablemente se puede decir que es agradable, cómoda, etc., estos son adjetivos que aportan subjetividad, tienen que ver con la silla pero provienen de la relación que se establece con ella y no de la silla en sí misma. Para poder lograr esta definición nos tenemos que situar fuera, y aportar todos aquellos datos objetivos, como el color, la textura, la forma, el material, la altura, etc. Para poder lograr estos datos que nos permiten representar la realidad tenemos que conocer los tres sistemas de representación, que se producen a través de nuestros sentidos, que son los sistemas visual, auditivo y kinestésico.

Sistemas de la representación de la realidad

Como se acaba de ver, el primer filtro por el que pasan los estímulos de nuestro cuerpo es la sensación, que está representada por nuestros sentidos. Nuestra mente los percibe a través de tres sistemas fundamentales, que son el visual, el auditivo y el kinestésico. Es el procedimiento mediante el cual se elabora la información que nos llega del exterior. Como se puede suponer, el sistema de representación visual está representado por los ojos y nuestro sentido visual. El sistema de representación auditivo se refleja en el oído. Finalmente, el sistema kinestésico es un conjunto de los otros tres sentidos, olfativo, gustativo y táctil, además de otros factores que tienen más que ver con las respuestas físicas de nuestro cuerpo. Estos sistemas fueron propuestos en los años 70 por los fundadores de la PNL (programación neurolingüística), Roger Badler y Robert Dilts, entre otros.

Estos tres sistemas responden a cómo las personas podemos recibir y procesar la información. Tenemos la capacidad de entender toda la realidad con cada uno de ellos. A la vez nos podremos expresar también con cada uno de ellos. Alguno de ellos será el que nos irá mejor para estudiar, memorizar y ser más ágiles mentalmente. Vamos a explicar sus características y su relación con el aprendizaje, al final explicaremos cuál es el más usado y cuál es el mejor.

Visual

El sistema visual está bastante presente hoy en día en nuestra sociedad, ya que vivimos en la era multimedia, en la que la mayoría de estímulos que nos llegan son en forma de imágenes. Claro que también se puede procesar un objeto inanimado de forma visual, dar las características que «entran por los ojos», como pueden ser el color, tamaño, forma, conjunto, piezas que la forman, entre otros. Cuando una persona esté elaborando un estímulo de forma visual, seguramente, podrá darnos datos de los aspectos que hemos comentado. Además, su explicación irá acompañada de expresiones como «se puede ver» «está claro que» «tiene buen/mal aspecto» u otras que siempre hagan alusión a imagen o al espectro visual.

Auditivo

Este sistema se encarga de procesar la información que llega a través del sonido. Un ejemplo sería que un texto o una canción se pueden aprender de memoria a fuerza de irlos repitiendo, se hacen cadenas de palabras en las que una engancha con la siguiente, pero no se atiende a lo que representa ni tampoco a la melodía que se pudiera hacer. Las personas que actúan sobre todo con este sistema de representación no entonan, las palabras están muy elegidas, hablan muy suave y favorecen que la gente esté muy atenta a lo que dicen. Con facilidad les podrá parecer que una cosa «no les suena bien» o que quizá con algo se puede hacer «un buen discurso», las «interferencias» les interfieren más que a nadie. Las frases que se digan tendrán relación con aspectos auditivos de la vida.

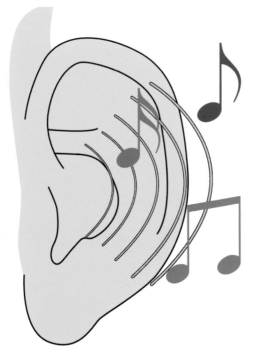

Kinestésico

Como se ha dicho con anterioridad, este sistema de representación agrupa aquellos sentidos más primitivos, como son el gusto, el tacto y el olfato. La razón por la que se agrupan bajo el nombre de la sensación es por que cuesta mucho más de elaborar un significado o un adjetivo del estímulo kinestésico que llega. Como ejemplo podemos poner a los *someliers*, tienen que dar detalles y definiciones de sabores y aromas, que, seguramente, un profano, por muy formado que esté en otros aspectos no puede llegar a darlos. En cambio sí que un profano podría dar muchos detalles y adjetivos de una imagen o un discurso. Así, las personas que dominen en este sistema de representación tendrán más en cuenta lo que venga de estos tres sentidos. A la vez, un aspecto importante en este sistema es que integra otros *inputs* del exterior como puede ser la sorpresa. Es difícil definirla y siempre tiene más que ver con una sensación que con una imagen o sonido, además de que tiene que ver con nuestro sistema de memorización. A una persona que domine este sistema de representación seguramente algo le puede generar «buenas vibraciones» o con determinada persona tiene «buena sensación», quizá algún asunto «le huela mal», o determinado hecho le ha dejado con «mal sabor de boca».

Como se puede ver en las expresiones de cada sistema de representación, son un ejemplo de frases que seguramente cada uno de nosotros hemos dicho alguna vez. Todos nos podemos expresar en cada uno de ellos.

La razón por la que se explican estos sistemas de representación es por que hay algunos que facilitan mucho más la capacidad de memorización y la agilidad mental. También es verdad que para determinadas tareas pueden ser más útiles otros.

Cómo sirven estos sistemas de representación en la memorización

Los tres sistemas de representación están presentes en cada persona, pero el sistema de representación más fuerte es el visual, como se ha comentado en el apartado anterior, ya que en una imagen se pueden llegar a contener muchas palabras, y la descripción de dicha imagen puede facilitar la exposición de estas palabras. Seguramente, a una persona le resulta mucho más fácil recordar una imagen que recordar cinco frases que describan la imagen, ya que a través de la imagen se pueden sacar las cinco frases que la describen. Un ejemplo sencillo pueden ser los números: es más fácil memorizar un número de forma visual que recordar la cifra escrita a través de la memoria auditiva. El número en sí mismo contiene un concepto que se puede deducir, en cambio, la palabra es difícil visualizarla, por lo que es más sencillo memorizarla auditivamente, a la vez que auditivamente cuesta más deducir su significado.

Con ello se quiere decir que la memoria visual es la más potente, por su plasticidad y por la capacidad de almacenamiento y de recuperación de información, el recuerdo. Se constata a través de diferentes experimentos que realizó el eminente psicólogo Paivio, que dividió la mente en dos sistemas de memorización: el visual y el verbal. Después de diferentes estudios, observó que las personas a las que se les había mostrado un conjunto ordenado de imágenes podían recordarlas mejor que otro grupo de personas a las que se les había mostrado el conjunto de las imágenes, pero esta vez en forma de palabras escritas. La clave estaba en que la imagen que memorizar y la imagen que está en la cabeza de la persona no difieren mucho. En cambio, sí que difieren la palabra y la imagen que la persona tiene en la cabeza. De esta forma se constató que el sistema de representación visual es más fuerte que el verbal.

Llegados a este punto, se tiene que comentar otro aspecto importante de la memorización ya que, como se ha visto, es más sencillo memorizar imágenes que palabras. Pero el problema surge cuando se tiene que memorizar un conjunto de imágenes. En este momento es cuando se tienen que explicar los límites cuantitativos de la memoria y su estructura.

Ejercicio iniciación

389034565
038539204
Intenta memorizar esta serie de números generando una melodía o repitiendo sin parar (sistema auditivo).

957868635
193520268
Intenta memorizar esta serie de números visualizando cómo se enlazan entre ellos, imaginando lo que no es posible (sistema visual).

Prueba de recordar en unos instantes, dentro de 15 minutos y dentro de una hora. ¿Cuál se recuerda mejor?

Funcionamiento de la memoria

La memoria, estructuralmente, se divide en tres partes: la memoria sensitiva, la memoria a corto plazo y la memoria a largo plazo. Estos conceptos fueron creados por el neuropsicólogo Tulving, uno de los principales investigadores de la memoria, que sentó las bases de su estudio en psicología.

Memoria sensitiva

De la *memoria sensitiva* podemos decir que tiene una capacidad muy grande, ya que tiene varios sentidos por los que llega información, pero su capacidad de almacenamiento es muy reducida, no tiene un soporte donde inscribirlo, a la vez que su capacidad de retención también lo es, por que los estímulos enseguida pasan a la memoria a corto plazo. Para hacernos una idea, es como si escribiéramos un dato importante en el agua, solamente se podría deducir un trazo, ya que el soporte en el que escribimos es muy volátil. Otro ejemplo que podríamos poner sería escribir en la arena del mar un día de mucho oleaje, enseguida una ola borrará lo que hayamos escrito. Por ello existe una segunda estructura: la memoria a corto plazo.

Memoria a corto plazo

La información que ha pasado a este espacio es una selección de lo que se encuentra en la realidad. La duración de esta memoria es de quince minutos, y solamente se pueden recordar siete detalles; existe una variación que oscila entre un mínimo de cinco detalles y un máximo de nueve detalles, a veces también llamados ítems. Una vez esta información ha llegado a la memoria a corto plazo, se puede lograr que pase a la siguiente estructura.

Memoria a largo plazo

La memoria a largo plazo, tiene una gran capacidad de almacenamiento y la información puede permanecer durante mucho tiempo. La única dificultad de este espacio de memoria es la accesibilidad, ya que si una información no se utiliza durante mucho tiempo es más complicado acceder a ella, aunque no imposible. Por ello, muchas veces, en el estudio es importante el repaso de forma frecuente, cuanto más repasemos más sencillo será almacenar la información en la memoria a largo plazo además de enseñar al cerebro la forma más fácil y rápida de acceder a ella. Un concepto que se desarrollará bastante a lo largo del libro es la regularidad; tiene relación con el repaso, en la medida que sea regular, favorecerá la mejora en cualquier aspecto.

En el capítulo sobre estudio se explica con detalle el concepto de regularidad, diferenciándolo de otros parecidos. Como esencia, se puede decir que una buena regularidad es dedicar poco tiempo a una actividad pero de forma diaria.

Como hemos visto, un factor que dificulta el recuerdo es la accesibilidad a la memoria a lar-

Tipos de memoria y duración

Memoria sensitiva

Esta memoria dura poco tiempo.

Memoria corto plazo

Se retiene durante 15 minutos y 7 elementos de media.

Memoria largo plazo

El esfuerzo de almacenar bien la información puede hacer que se recuerde siempre.

go plazo. Esta dificultad se puede aliviar con el uso de un factor muy importante en nuestras técnicas de estudio, que es la asociación inverosímil o la sorpresa.

Asociación inverosímil o sorpresa

Este factor, que estaría dentro del sistema de representación kinestésico, permite asociar las diferentes imágenes que tratemos de una forma efectiva, ya que no se recuerda nada mejor que una buena sorpresa, o algo que sea muy llamativo para los sentidos más básicos. Así, se puede almacenar la información de forma fácil, a la vez que también se puede recuperar de forma sencilla, además de utilizar dos sistemas de representación para una información, lo que le confiere más fuerza a nuestra capacidad de memorización. Puede sonar algo extraño, pero la realidad resulta más sencilla. Simplemente haremos el ejercicio de recordar algo que hayamos visto en las últimas semanas; seguro que lo primero que nos viene a la memoria es algo llamativo o que nos haya sorprendido, algo que resulte «más fuera de lo normal». De esta forma es como funciona la memoria, se queda con lo más llamativo.

Recordando a Paivio, el investigador que hemos conocido en el apartado anterior, vemos que la información visual es la que resulta más sencilla de memorizar. Este hecho tiene un sentido, ya que la realidad humana está hecha por y para el sistema visual. El ser humano tiene una cosmovisión, que quiere decir que la visión del mundo está hecha para la vista.

De esta forma vemos como dos elementos que favorecen una buena capacidad de memorización son las imágenes y lo inverosímil o llamativo.

TÉCNICAS DE AGILIDAD MENTAL

Técnicas de mnemotécnica

Existen múltiples formas de ayudar a la memoria. En la introducción se ha visto que las formas de estudio son diferentes. Las técnicas que ahora se van a explicar son la esencia de la forma en que los memorizadores más rápidos del mundo ejercitan su mente; y no solo les sirve para las competiciones internacionales, sino también en su día a día, en el trabajo, en su hogar...

Hay un factor clave para la memorización, que es la sorpresa o lo llamativo. Un ejemplo claro del factor sorpresa para el recuerdo es hacer el ejercicio de imaginar que alguna persona u objeto que nos acompañan ahora mismo en la sala, mientras leemos, se eleva del lugar donde está, reposando en el aire y empieza a moverse hasta la pared más cercana, y logra atravesarla, como si fuese un fantasma. Como se puede imaginar, esto es absolutamente ficticio, pero, si sucediese, al ser un hecho imposible, seguro que quedaría en nuestra memoria, incluso saldría en el tema de conversación de forma frecuente. Lo que se quiere lograr con esta base que aquí se está proporcionando es que memorizar le resulte agradable, fácil y que, cuando se precise de determinada información, resulte sencillo acceder a ella.

El conjunto de técnicas que se van a ir enseñando requieren de un poco de tiempo, además de regularidad en su ejecución, pero en pocas semanas se puede detectar aumento en la capacidad de retención con simples ejercicios diarios de diez minutos de duración. Se quiere resaltar la **regularidad** que anteriormente se ha mencionado; si un día no apetece, mejor no practicar y dejarlo para el siguiente.

Antes de empezar a practicar con los números hagamos un ejercicio para calentar los «músculos cerebrales». Memoricemos las palabras del siguiente cuadro y, con el libro cerrado, escribamos todas las que recordemos en un papel.

LIBRO
GAFAS
COLONIA
LÁMPARA
MACETA
TRACTOR
BOLSA
VENTANA
COCHE
HORNO
ZAPATOS
TELA
BUZO
ANTENA
PANTALONES

Son 15 palabras, recordemos que la capacidad de la memoria a corto plazo son un máximo de 9 detalles. Seguramente nos ha costado memorizarlas, probemos de hacer el mismo ejercicio pero solo con las 5 primeras palabras y después añadiremos 5 palabras más las 10 primeras.

Se puede probar de otra forma. Para poder recordar más palabras, tendremos que ejercitar dos herramientas que ya han salido: la visualización y el enlace sorprendente. Para ello, vamos a hacer un relato que servirá para recordar mejor las diez palabras: *En primer lugar vamos a imaginar que*

tenemos un **libro** en las manos (seguramente sea éste), que lo aguanta a modo de atril unas **gafas**, o que su punto de libro son unas gafas, miramos sorprendidos estas gafas que ahora son nuestro punto de libro. Viendo este objeto nos damos cuenta de que los cristales están un poco sucios, además de oler mal y por ello cogemos una botella de **colonia** para limpiar y perfumar las gafas. Fijamos la mirada en la colonia y nos damos cuenta de que empieza a cambiar su forma, cada vez es más alargada y de su extremo superior sale luz, ahora es una **lámpara**. En ese momento la ponemos en un lugar y vemos cómo su base empieza a ensancharse y tomar un color marronáceo y adoptar una forma cilíndrica, que de forma lenta, se convierte en un bol de barro, mejor dicho en una **maceta**.

Trata de recordar la historia anterior, anota o enumera las palabras importantes, cierra el libro para hacerlo con mayor tranquilidad. Con toda probabilidad habrá sido sencillo recordar la historia. Ahora se van a añadir palabras para que la lista tenga diez elementos.
Vamos a por la segunda parte:

TRACTOR
BOLSA
VENTANA
COCHE
HORNO

Partiremos del último objeto que habíamos citado, la **maceta**, fijando nuestra vista en ella, vemos que se le añaden unas ruedas grandes a su lado y que delante se le añade el morro de un vehículo con dos ruedas y empieza a moverse, ya que tiene esta capacidad. Incluso, podemos ver cuando gira que tras de sí tiene un arado especial para **tractor**, con el que va dibujando unos trazos en el suelo pero hay uno en concreto que deja tras de sí

una línea, ya que lleva enganchada una **bolsa** de la compra, llena de diferentes elementos. Fijando la vista en la bolsa se ve como en un determinado momento se queda enganchada en un lugar aparentemente sin ningún objeto con el que se pueda enganchar, pero lo está. La razón se debe a que este objeto es sobre todo transparente, por esta razón abrimos la perspectiva, entonces es cuando se ve que hay un cristal, con un marco, es una ventana con lo que la bolsa está enganchada, una **ventana** corredera. Esta ventana ha coincidido con la bolsa porque la ventana está en un objeto móvil, es la ventana de un **coche**, pero no es la típica ventana, es la ventana corredera de una casa pero en un coche. Este vehículo se va a toda velocidad, porque el lugar donde siempre aparca está apunto para ser ocupado. Acaba de llegar está enfrente de él, aprieta un botón y se empieza a abrir la puerta. Es curioso que su espacio para estacionarse sea un **horno**.

Trata de recordar la historia que acabas de leer, anota o enumera las palabras importantes, cierra el libro para hacerlo con mayor tranquilidad. Si quieres puedes probar de anotar todas las palabras que recuerdes de la historia anterior, sumadas a las que acabas de aprender.
Con toda probabilidad habrá sido sencillo recordar la historia. Ahora se van a añadir palabras para que la lista tenga 15 elementos.
Vamos a por la tercera parte:

ZAPATOS
TELA
BUZO
ANTENA
PANTALONES

En esta historia nos habíamos quedado que el horno se estaba abriendo para que el coche apar-

*case. El chasco llega cuando nos percatamos de que el horno ya está ocupado por unos **zapatos**, con lo que el coche no puede aparcar. Los zapatos estaban mojados y están en el horno para que se sequen, pero están rellenos de un objeto que para identificarlo tenemos que sacarlo, es delgado, blanco, fino y muy largo, estiramos y estiramos pero nunca se acaba, entonces deducimos que es simplemente una **tela** muy grande. Observamos nuestras manos y vemos que tenemos un montón de tela y que está mojada, porque los zapatos lo estaban, por eso vamos a tenderla y dentro de ella aparece un **buzo**. En ese momento nos da pena verlo fuera del agua, así que como es un buzo pequeñito lo cogemos con la mano y lo llevamos a un lugar con agua. De camino nos fijamos en su espalda porque lleva una **antena**. Una vez que lo metemos en el agua oímos unas señales y son de su antena, en ese momento vemos como un objeto cerca del agua se mueve, son los **pantalones** del buzo que se mueven gracias a la antena. De esta forma puede tener la ropa localizada.*

Trata de recordar la historia que acabas de leer, anota o enumera las palabras importantes, cierra el libro para hacerlo con mayor tranquilidad. Si quieres, puedes probar de anotar todas las palabras que recuerdes de las historias anteriores, sumadas a las que acabas de aprender.

Como se ha visto, es un conjunto de 15 palabras. Anteriormente se ha comentado que el límite de la memoria a corto plazo es de 7 elementos más/menos dos, con un máximo de 9 y un mínimo de 5. Esta lista supera esos límites, con toda probabilidad estarás por encima, si no lo estuvieses trata de reforzar las dos herramientas que se han proporcionado: memorizar con **imágenes** y asociando de forma **sorprendente** o inverosímil. En esta lista de 15 se ha logrado hacer una historia que enlaza todos los elementos de forma visual. De esta manera se consigue que no se memoricen 15 elementos sueltos sino que se memorice una sola cosa, la historia, consiguiendo hacer más fácil la memorización y que suponga una ejercicio más sencillo y menos costoso a la mente.

Memorización de series

Este ejercicio se puede aplicar a lo más cotidiano, como puede ser una lista de tareas o la lista de la compra. Es el más sencillo y un buen ejercicio que, si se hace a diario, fortalecerá la memoria en pocos días.

Como se acaba de decir, la buena memoria funciona con dos ingredientes: las **imágenes** y la **sorpresa**. Las imágenes sirven para crear una forma de recuerdo en nuestra memoria, y la sorpresa, para asociar los diferentes elementos de la serie. De esta forma se puede hacer una larga lista de la compra que seguro que se recordará. Para mostrarlo, veamos un ejemplo: «*tenemos que comprar manzanas, huevos, vino, chorizo, atún, patatas fritas, café, papel higiénico, insecticida y limpiacristales*». Lo que se tendrá que hacer será una historia visual, tal y como se ha hecho anteriormente; visualizar los elementos y unirlos de forma inverosímil. De esta forma la lista quedaría así: *Entramos en el supermercado y lo primero que vemos es una gran **manzana**, que tiene una especie de sombrero que se desliza hacia abajo. Nos fijamos y vemos que no es un sombrero sino que es un **huevo frito**. Ese huevo empieza a retroceder en su proceso hasta que se convierte en un huevo fresco, con su cáscara y todo, que empieza a deslizarse, por su forma redondeada, por la manzana. Por suerte no llega hasta el suelo porque se queda encajado con una botella de **vino**. Esta botella no está tapada por un corcho, sino que, sorprendentemente, es **chorizo** su tapón. De la cuerda del chorizo, cuelga una lata de **atún** que está abierta, porque gotea el aceite y cae encima de una bolsa de **patatas fritas**. Para sorpresa nuestra vemos que dentro de la bolsa,* *además de patatas fritas hay una taza con café que va impregnando de vapor la bolsa, hasta el punto de que ese trozo de la bolsa de plástico se deshace. El vapor sube hasta un punto en que se encuentra con **papel higiénico**, que también se va humedeciendo. Resulta que este papel higiénico aprovecha muy bien el espacio, porque tiene en su zona interior de cartón un insecticida puesto. Este insecticida está librando una batalla, a base de expulsar su líquido, con el **limpiacristales**.*

De esta forma se crea una historia con asociaciones inverosímiles para poder recordar todos los elementos de una lista tan importante como es la de la compra. ¿Cuántas veces no hemos tenido que volver al supermercado a comprar uno de los productos porque nos lo hemos olvidado, confiando en haberlo memorizado bien? Un elemento que muchas veces suscita una pregunta al explicar esta memorización para la lista de la compra es si se nos detalla el peso de lo que se tiene que comprar, por ejemplo «200 gramos de chorizo». Entonces se le puede añadir a la imagen del chorizo un detalle para recordar el número. En el siguiente apartado veremos cómo recordar números. También se pueden utilizar algunos recursos complementarios para reforzar aún más la memoria, como puede ser unir el último elemento con el primero. De esta forma se crea un círculo y es más complicado olvidarse. Otro elemento que es muy útil y permite soldar aún más los elementos es imaginarse toda la secuencia en un **espacio determinado**. Aquí se ha iniciado en el supermercado, pero si tuviera que ser una lista de tareas laborales, se podría situar en el trabajo. También se puede hacer en otros lugares, para no confundir a la mente, ya que si se hacen varias tareas en el mismo lugar, de un día para otro puede confundir. De esta forma, se pueden hacer en lugares como una pista de tenis, baloncesto o también en la propia casa. Además se fomenta la creatividad viendo acciones nuevas en lugares conocidos. Para recordar tres o más elementos se puede hacer una asociación triple o cuádruple, dependiendo de la cantidad. De este modo, en la imagen tiene que existir esa unión entre ellos. Así, cuantos más elementos, serán más complicados de visualizar, la imagen tendrá que ser más vívida. Esta técnica de **asociación múltiple** será muy práctica para memorizar un temario, como veremos más adelante. Es importante dejar ir la mente, cuanto más se sorprenda, mejor se recuerda, y también más creatividad se fomenta.

24

Memorización de números

Un ejercicio que es clave para mejorar la capacidad de memorización además de la atención es la memorización de números. Las claves que ahora se van a proporcionar también servirán para lo que más tarde llamaremos el «casillero».

En primer lugar he de explicar que los números son creaciones humanas, no existen en la realidad tangible. Los números son abstracciones de cantidades existentes en la realidad. Un ejemplo es que podemos contar un número de frutas, pero en ningún lugar podemos encontrar el número en sí, a no ser que haya sido escrito por alguien. Como se puede deducir, las matemáticas cada vez se complican más porque crece su abstracción. Esta es una de las razones por las que las matemáticas cuestan tanto a los estudiantes y también cuestan de memorizar. Una de las razones por las que cuesta su memorización es porque los números son abstractos. Con ello se quiere decir que es difícil ver una sola imagen que concentre el número, y también porque, cuando se ha visualizado el número en sí muchas veces, cuesta que sea preciso. Por ejemplo, si alguien nos pide que compremos 12 latas, si no prestamos la suficiente atención, será fácil que nos confundamos, lata arriba o lata abajo, ya que son cantidades similares. Por ello los números en sí mismos no tienen sentido, es difícil darles un conjunto de imágenes que sí lo tengan para poder ser memorizados. Pero se puede lograr dar sentido e imagen a los números si proporcionamos un código sencillo, que es aplicable a todos los números.

Para crear este código se han elegido varios criterios según los números que se aplican, como se verá en la explicación. Se puede cambiar por otro que el lector encuentre más cómodo, pero en principio esta será la forma más fácil de memorizar números. Es como yo aprendí, este es el mismo casillero de mi maestro **Ramón Campayo (Campayo, 2006)**.

Al número 1 le podemos encontrar similitud con las letras t y d: también están hechas por trazos verticales ascendentes. El número 2 lo podemos comparar con la letra n, ya que el número colocado horizontalmente se parece a esta letra. El número 3, por este mismo principio, se parece a la letra m. Para el número 4, por la sonoridad de su nombre, se pueden utilizar tres letras diferentes, la c, la q y la k. Con el número 5, utilizaremos otro principio; en números romanos el cincuenta es la letra L, así que la l será la que utilicemos para este número. Seguramente te preguntes ¿y por qué no utilizamos la v, que sería la más indicada por este principio? Pues porque ya se utiliza en otro número, como veremos más tarde. El nombre del número 6 está formado por dos vocales, y la misma consonante repetida dos veces, así que su letra será la s; también se puede utilizar la z, por tener una forma y a veces sonido similar. La correspondencia del número 7 es la letra f, simplemente por la similitud en la forma; el siete clásico incluso tiene esta barra que cruza su eje, así que girándolo como en un espejo sale la letra f. En cuanto al 8, seguiremos el mismo principio que con el cuatro, el sonido es lo que nos va a dar las letras, en este caso serán la ch o la x. También se puede utilizar otra letra, que es la g, en este caso, por su similitud en cuanto a la forma: si se alarga un poco más el trazo final de la g, se crea un ocho. El 9 se va a corresponder con varias letras, que serán la b, la v y la p. Aquí los criterios son varios: en cuanto a la b y la v, por el sonido; no se puede utilizar la n, pero sí la otra consonante de su nombre, si giramos el nueve conseguimos una p, lo cual nos resulta útil para encontrar algunas palabras. Para el número 0 utilizaremos la letra r, porque está en su nombre y también porque da sonoridad a un número que en principio no tiene sonido. Dejamos aquí el cuadro resumen.

1 = t, d
2 = n
3 = m
4 = c, q, k
5 = l
6 = s, z
7 = f
8 = ch, x, g
9 = b, v, p
0 = r

Para empezar a ejercitar la memoria con este sistema vamos a poner algunos números inventados de acciones cotidianas para que se vea cómo utilizarlo.

Ejemplo 1
Para volver a casa tienes que coger el autobús número 125. Aquí, la palabra que se formará será **tonel**, la t por el 1, la n por el 2 y la l por el 5. Para recordar este número nos imaginaremos esperando en la parada de autobús y, entre los elementos cercanos, un tonel, que será la clave para recordar el autobús número 125.

Ejemplo 2
El teléfono del dentista es el 951 44 20. Aquí, las palabras que se formarán serán **bala diccionario**, la b por el 9, la l por el 5, la d por el 1, las dos c por los dos 4, la n por el 2 y la r por el 0. Nos pode-

mos imaginar al dentista practicando tiro, y que, cuando dispara, le sale una bala grande que, en realidad, se abre como un libro y resulta ser un diccionario. Para poder asentar mejor las imágenes se pueden elegir de tal forma que sean imágenes familiares, propias. En este caso el diccionario que se utilizaba en el colegio. Aún así hay que ir con cuidado porque requiere precisión en la imagen.

Ejemplo 3
Dentro de la lista de la compra del apartado anterior «*compra 150 gramos de chorizo*». Entonces se tendría que incluir la palabra **telar** en la secuencia de imágenes, incrustado en el chorizo, y que la lata de atún cuelgue de ella y así seguir la secuencia.

Como se puede ver este ejercicio facilita el enlace de dos conceptos, el lugar del que se tiene que memorizar el número y el propio número de teléfono. Al principio puede resultar un ejercicio novedoso pero enseguida se hará más sencillo, hasta el punto de no precisar agenda telefónica.

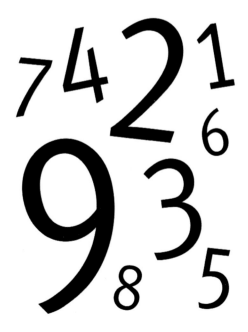

Lo que se hace con este **código** es dar un sentido a los números, ya que por sí mismos no tienen sentido. Al dárselo, es más fácil memorizarlo y también se pueden memorizar muchas más cantidades de números. Un ejemplo puede ser el cuadro:

¿Cuál de estos dos números es más fácil de memorizar?
745294710
149218681945

Seguramente, y por lógica, parecerá más sencillo memorizar el primer número, porque tiene me-nos cifras. Pero si nos fijamos el segundo número, que contiene 12 cifras, en principio difícil de memorizar porque supera de largo el límite de la memoria a corto plazo, que son 9 detalles, es más sencillo de recordar. La razón es porque existe un sentido en él, en realidad son 3 cifras históricas puestas una junto a la otra, el descubrimiento de américa (1492), la revolución de 1869 y el final de la segunda guerra mundial (1945). Este ejercicio ilustra lo que se hace con el código, dar un sentido a los números para poderlos almacenar de forma fácil, como se verá en el siguiente apartado dedicado al «casillero».

Casillero mental vs. Cajón de sastre

Una herramienta imprescindible para lograr una mayor agilidad y fuerza mental es el casillero. Este casillero no es físico sino mental. Para explicarlo, empezaremos por un ejemplo que parte del dicho popular: quien es ordenado tiene la cabeza ordenada. Este dicho es parcialmente cierto y parcialmente falso. Sí que una persona ordenada es más probable que tenga la cabeza ordenada, los conocimientos organizados, pero no por eso quiere decir que le resulte sencillo acceder a ellos cuando los precisa. Una persona desordenada en sus objetos puede tener cierto orden mental, ya que los elementos han sido organizados de acuerdo con sus prioridades y, sobre todo, no deben estar puestos con un decoro estético, lo que a ojos de otra persona seguramente parece que está «desordenado». Con esto no estoy alentando a dejar los objetos de cada uno como sea porque será más fácil encontrarlos; en la convivencia del hogar hay que encontrar un equilibrio. Lo que quiero decir es que el espacio mental para memorizar y recordar datos es inmensamente grande si sabemos cómo organizarlo, si sabemos cómo funciona la mente. A lo largo de la historia de la psicología se han estudiado la memoria, la atención, la percepción y la emoción como capacidades que influyen en la vida diaria de las personas. Se ha encontrado su sistema de funcionamiento y las claves para un mejor desarrollo, pero desde la universidad o los estamentos públicos no se ha elaborado ningún conjunto de técnicas ni sistemas que permitan un mejor desarrollo en cuestiones tan cotidianas como son recordar la lista de la compra, o cuestiones tan académicas como memorizar de forma consistente la tabla periódi-

ca de los elementos. Lo que ofrece este libro es este conjunto de técnicas que permiten el desarrollo de la memoria, atención y percepción.

Como se decía, un elemento clave es el casillero mental: permite ordenar y ganar agilidad, además de atención. El ejemplo para entender el casillero es imaginar dos cajones que contienen los mismos elementos, sean botones, lápices, chinchetas, bolígrafos, rotuladores o, como se puede ver en la última imagen de este apartado, tornillos. Se pueden seleccionar por tipos, sean colores, tamaños o lo que se quiera. Lo único que diferencia a los cajones es su orden; el primer cajón es un cajón de sastre en el que no existe ningún sistema de selección. En cambio el segundo es un cajón con casillero en el que se han instalado unas maderas, por ejemplo, que permiten crear espacios más pequeños en el mismo cajón y, por consiguiente, permiten agrupar los elementos en diferentes características. De esta forma en el segundo cajón se puede encontrar lo que se quiere de forma mucho más rápida y efectiva.

Visto el ejemplo podemos decir que el casillero mental permite acceder a los datos, conocimiento e información de forma mucho más rápida y efectiva. El primer paso para empezar a configurar el casillero es saber que la mejor manera de organizar lo que una persona tiene es enumerándolo: poner un número a tal objeto o a tal característica. Para ello se crea un código a partir de la correspondencia letra-número que se ha dado.

Para poder memorizar estas claves a la vez que los diez primeros números del casillero, vamos a crear algunas palabras que, como siempre, son las más adecuadas, pero se pueden cambiar por aquellas que resulten más cómodas. Veréis que algunas palabras llevan la letra hache. Como es una letra que no suena, no cuenta como consonante para crear una palabra que sea la imagen de un número. Posteriormente, en las técnicas de memorización de conceptos, veremos que la mejor imagen para una palabra es aquella que aparece en los tres primeros segundos, así que si las palabras ofrecidas tardan en llegar, se pueden buscar otras.

> 0 = oro
> 1 = té, tea (antorcha)
> 2 = Noé, hiena
> 3 = humo, amo
> 4 = oca
> 5 = ola
> 6 = oso
> 7 = UFO, feo
> 8 = hacha
> 9 = ave, oboe, haba

Estas diez primeras palabras son las primeras diez palabras del casillero. Ya suponen un ahorro importante de energía. Por ejemplo, si se quieren programar las tareas que se deben hacer en los siguientes diez días, para cada día se utilizará un número y, a partir de él, se empezarán a asociar las tareas. O, si se quiere, se pueden recordar los primeros diez temas de una asignatura que se tiene que estudiar. O, simplemente, si queremos comprar diez cosas en el supermercado, también se puede asociar cada elemento a un número del casillero. De esta forma se accede más fácilmente a la lista de la compra, ya que para recordar el sexto elemento no hace falta repasar los cinco anteriores, sino que simplemente se visualiza el símbolo del número 6, y se recuerda con qué imagen iba asociado. También puede servir para memorizar la forma en que se dicen los números en otro idioma.

Como se ve, las aplicaciones son múltiples, pero la principal es coger agilidad mental, recordando este nuevo código y aplicándolo a lo que se quiera. Como ya se ha visto hasta ahora, es de suma importancia aprenderse el sistema del casillero. Por ello se va a facilitar un poco su aprendizaje explicando las posibles asociaciones visuales que se pueden hacer para enlazar los elementos. Un consejo tanto para estas primeras diez imágenes como para las siguientes es poner humor y sorpresa, para que sea fácil memorizar y, así, lograr más ganas. Otro consejo es ir memorizando diez elementos cada día, con algún día de descanso para ir asentando este nuevo conocimiento. Hay que tener en cuenta que los **repasos** serán fundamentales para fortalecer este conocimiento. Las primeras diez asociaciones son estas:

*Imaginamos **oro**, ya puede ser en lingotes o pepitas, que se empiezan a derretir por el calor de una **tea**. Esta tea la está sosteniendo el mismo **Noé**, lo podemos imaginar vestido con las típicas túnicas de la época y con barba. De pronto vemos que sale **humo**, pero que no es de la tea de donde sale sino de la misma cabeza de Noé, fijamos nuestra atención en el humo que sube, hasta topar con el vuelo de una **oca**. Por el efecto del humo, la oca cierra los ojos, pierde el rumbo y se empieza a desorientar hasta topar contra una **ola** que le viene de forma violenta. La ola absorbe la oca y con la fuerza que va salpica levemente a un **oso**, que se queda mojado, de tan mojado que está aparece un **UFO** (ovni) extraterrestre para conseguir que se seque, ya que la nave puede sacar tanto aire que lo conseguirá. Como siempre se ha creído que los extraterrestres son invasores, de golpe aparece un **hacha** que se clava en el UFO, quedando el mango en posición inclinada. De pronto aparece un **ave** que se posa encima del mango (también está la posibilidad de imaginar un haba en el mango).*

La siguiente palabra (10) es **toro**, pues consistiría en imaginar que llega un toro y empitona al ave

10 = toro
11 = teta, dedo
12 = tina (bañera), atún
13 = atomo, tomo (libro), dama
14 = taco, tic
15 = tela
16 = tos, taza
17 = tufo
18 = tocho, techo, toga
19 = tubo, tuba
20 = noria
21 = nata, nota (musical)
22 = nene
23 = nemo
24 = nuca
25 = Nilo
26 = anís
27 = nife (lava), NIF
28 = nicho
29 = nube
30 = mar
31 = moto
32 = mano, mono, mina
33 = momia, mamá, mimo
34 = moco, hamaca
35 = mula, miel
36 = mesa, maza
37 = mafia
38 = mecha, mago
39 = ameba, mapa
40 = coro, cera
41 = cohete, coto
42 = cono, cine
43 = cama
44 = coco
45 = cola, culo, cielo
46 = casa, caso
47 = café, cofia
48 = coche
49 = cubo, cava, capa, copa

50 = loro, lira, alerón
51 = lata
52 = luna, línea
53 = lima
54 = loco
55 = lulú, lila
56 = losa
57 = alfa
58 = leche
59 = lobo
60 = sor
61 = seta
62 = Sena (río)
63 = suma, sima (cueva)
64 = saco
65 = Sol
66 = seso, suizo
67 = sofá
68 = soga, sacho, soja
69 = sebo, sipia, sabio
70 = faro, feria
71 = foto (máquina)
72 = faena (plaza de toros), fan
73 = fama (imagen serie)
74 = foca
75 = folio, fila
76 = foso
77 = Fofó (el payaso), fofo
78 = ficha, faja
79 = efebo
80 = hachero (quien trabaja con el hacha), gorro, ogro
81 = chita (de tarzan), gota, gato
82 = chino, genio
83 = chama (mercado), goma
84 = choco (de chocolate o el pincho)
85 = chal, chulo, iglú
86 = chas, gas, gasa
87 = chufa, chef
88 = chucho

continúa en la pág. siguiente >

89 = chivo, chepa, chip	95 = vela, bola, bol
90 = bar, vara	96 = vaso, obús
91 = bota, bata	97 = bofia
92 = vino, boina	98 = bache, bicho, Pachá
93 = BUM (explosión), puma	99 = bebé, papá
94 = vaca	100 = torero

o a el haba. Realizando este ejercicio en rachas de diez palabras, se va a tener consolidado el casillero en dos semanas, si se procede con regularidad, para realizar más prácticas que posteriormente explicaremos.

Este es el casillero que permitirá hacer cualquier tipo de ejercicio mental, ya sea para recordar una lista de hechos o para ejercitar la memoria. La pregunta que se debe estar haciendo el lector es la manera de ejercitar la memoria, la forma de aumentar la agilidad mental.

Un primer paso es crear una historia que vaya enlazando las diferentes imágenes de cada número. Una vez se haya hecho, el siguiente paso es saber dar el nombre de la imagen de cada número de forma salteada, a la vez que también decir el nombre de una imagen y dar con el número asociado.

El siguiente paso es ejercitar la lectura de los números, que se puede hacer de diferentes formas. Una, muy sencilla, es observar la matrícula de los coches y leer los números de uno en uno y dar con la imagen pertinente.

A la vez, existe un programa muy sencillo que es el que se aplica en campeonatos de memorización, que se llama **Speed-memory**, se puede conseguir de forma gratuita en la página **www.speed-memory.com** (podéis ver una muestra en el DVD).

Este programa consiste en una serie de pruebas que permiten ejercitar el casillero. Las más interesantes, y que permitirá aumentar de forma exponencial la memoria y la agilidad mental, son las pruebas de memorización de números decimales, del 0 al 9. Tal y como viene el programa, ya está preparado para mostrar los números de dos dígitos. Se puede elegir la cantidad que se quiera y también el tiempo de exposición que se quiera. El ejercicio inicial es leer una buena cantidad de números con el objetivo de ganar facilidad de acceso al casillero. Lo ideal es poner 182 dígitos en 50 segundos y empezar a decir el nombre de la imagen de cada número.

Las primeras veces será un poco difícil dar con los números, por eso es bueno tener el casillero cerca para facilitar el acceso, y, en poco tiempo, se irá prescindiendo de él. A medida que se vaya leyendo sin ayuda de la hoja en la que tenemos el casillero, y se vaya leyendo la pantalla más y más rápido, es bueno ir añadiendo números.

siempre problemática

...eno, en un idioma adquirido y

...no antagónica. Guardo de mi

...ejor de los recuerdos y considero

... período estimulante, enriquecedor y

...que aquéllos fueron también años

... de vista de la creación literaria: no

...ente, en la primavera o verano de

...ve a Barcelona, donde, por esas

...ente la hoy llamada transición: todo

... cosa que no

COMPRENSIÓN Y COHERENCIA

Comprensión y expresión

Este capítulo introduce al lector en el mundo de la comprensión textual. Es importante para los estudiantes y también para el resto de mortales, ya que los documentos más importantes que una persona tendrá que firmar será de recibo leerlos y entenderlos, como: un contrato de trabajo, de alquiler, transacciones de compra de inmuebles, noticias, programas electorales, además de un conjunto de documentos para poder actuar en sociedad. Es cierto que se puede contratar a personal cualificado para que haga este trabajo por nosotros, pero no hay garantía fiable al 100% de que no cometa errores al hacer el trabajo en nuestro lugar. Por ello es importante leerlo nosotros mismos, y disipar todas las dudas que se tengan. Normalmente, este punto es el más conflictivo, ya que preguntar una duda es lo que da más reparo.

Muchas veces no se preguntan las dudas por la vergüenza de mostrar desconocimiento de determinados aspectos, quizá porque puede ser fuente de conflicto o quizá por falta de confianza. De todas las formas posibles, lo ideal, si se contrata a alguien para que supervise el documento en cuestión, es leerlo uno mismo y preguntarle las dudas, para que, posteriormente, él lo lea. De esta forma, a ambos les queda claro el mensaje del documento.

Reglas para la comprensión de un texto

Una parte importante para el camino de la autonomía personal es la comprensión de un texto. A priori, puede parecer que esta tarea textual ya se ha logrado tras largos años de estudio en el colegio e instituto, pero con frecuencia no es así. Nuestra educación es «resultadista» al extremo, no hay una preocupación por los procesos internos de la persona, sino una preocupación porque la comprensión textual se muestre en unas respuestas que la persona quizá no tiene claras y se las ha proporcionado alguien.

Otro defecto que no facilita la comprensión es la insistencia en que los niños lean cuanto antes. En la lectura, un ejercicio es vocalizar el conjunto de letras y palabras que están imprimidas en el texto y otra es comprender lo que allí está escrito. Por ello hay niños de los que se dice que leen muy bien y rápido, pero no están entendiendo lo que leen, lo que, a la larga, les restará capacidad cuando tengan un examen o un comentario de texto. Son de suma importancia las diferentes reglas que ahora se van a proporcionar. La mejor forma de aplicarlas es de forma secuencial. Se ha de aplicar una durante un tiempo, hasta que se tenga interiorizada y, posteriormente, aplicar la siguiente, hasta que también se tenga interiorizada. No hace falta apuntarlas en un papel, ya que son sencillas de recordar y aplicar.

El niño

Esta es una regla sencilla que puede servir a aquellos que tengan hijos, ya que los niños, cuando son pequeños, hacen muchas preguntas a los padres, que no saben qué responder, ya que preguntan sobre aspectos que en el mundo de los adultos son obvios. La regla del niño consiste en explicar el texto leído a un niño, o hacer ver que se le explica el texto a un niño. De esta forma se puede adquirir una idea global del texto con facilidad, conocer su intención y su significado. En sí, es un ejercicio de transcripción, dicho con otras palabras. Se puede lograr mediante metáforas y comparaciones. Si además nos servimos de ejemplos cotidianos concretos y visuales puede resultar más comprensible.

Un ejemplo puede ser el de una sustancia líquida llamada *curare*. Esta sustancia es uno de los mayores tranquilizantes del mundo, hasta el punto de lograr que todo el cuerpo esté inactivo y, en consecuencia llevarlo a la muerte. Los indios del Amazonas lo ponían en las puntas de sus flechas para matar rápidamente a los animales. Lanzaban la flecha con *curare*, esta sustancia entraba en contacto con la sangre y, automáticamente, empezaba a dejar el cuerpo inactivo, hasta el punto de que los músculos de los pulmones no hacían su función y el animal dejaba de respirar. En consecuencia, se moría. Estos son los efectos del *curare*. Si tenemos que explicar el funcionamiento neurofisiológico, puede ser algo más complicado, ya que se tendrán que dar datos químicos y puede resultar muy complicado.

Si explicamos que el *curare* es una sustancia que hace una función de aislante entre las conexiones neuronales y que impide el funcionamiento del cuerpo, será más comprensible su función química.

Si, además, decimos que la función del *curare* es como si pusiéramos madera o cinta aislante en un enchufe al que conectamos un aparato eléctrico, el cual, al no poder pasar la corriente, no funciona, aún se puede entender mejor la función de esta sustancia.

Ejemplo, las estrellas

Si un niño nos pregunta qué son las estrellas, le podemos contestar de dos formas diferentes:

> Son un conjunto de masas incandescentes, de tipo espectral, también llamadas objetos astronómicos. Formadas por unas esferas de plasma, tienen luz propia por un equilibrio hidrostático. Están formadas por diferentes gases a la vez, principalmente hidrógeno y helio. Por la distancia a la que se encuentran de la tierra solamente se las puede ver de noche.
> Son como el Sol pero están más lejos.

Ejemplo, la visión del artrópodo

Como vemos, los ejemplos de aquí arriba ilustran esta voluntad de sintetizar en pocas palabras lo que podría ser muy complicado. El simple hecho de preguntarse lo que está diciendo el texto y tratar de proporcionar un significado concreto ya nos acerca a la comprensión. Lo que se está haciendo es lo que la mente tendría que hacer de forma automática después de los años de instrucción obligatoria.

En el caso de que el texto fuese muy denso, con muchos datos por línea y párrafo, en lugar de dar una síntesis de todo el texto se tendría que tratar de dar un significado al párrafo. Aunque no lo sea, también se puede hacer para poder iniciar un mapa mental y poner la información sobre el papel.

Las *w* de un texto

Para quien no conozca este recurso, el título puede parecer un poco raro, pero es uno de los sistemas más sencillos de comprensión textual que existen. Seguramente lo habrás visto, pero lo que da más fuerza a esta técnica es su práctica, si se hace con un texto diferente cada día durante 10 ó 15 días se logrará sistematizar y ya será automático.

Las *w* de un texto provienen de la lengua inglesa. Son seis, y son las preguntas *what*, *who*, *where*, *when*, *why* y *how*; en nuestra lengua, *qué*, *quién*, *dónde*, *cuándo*, *por qué* y *cómo*. Su respuesta saldrá de analizar el texto.

El ejercicio consiste en responder a estas preguntas con la información del texto. De esta manera, se obtiene una respuesta concreta sobre la información que proporciona el texto, y esta información será más accesible cuando se precise. Este sistema coge información relevante del texto, cada pregunta proporciona una respuesta, que es como una pieza de un puzzle, que está formado por seis elementos. De esta forma, cada uno tiene más o menos el mismo peso.

Estas preguntas fueron creadas para lograr que un texto periodístico diese toda la información necesaria para ser entendido. Por lo tanto, si se prefiere practicar con noticias del periódico será más sencillo.

Siempre se puede recordar esta regla con este acertijo:

Tengo seis honestos sirvientes (me enseñaron todo lo que sé); sus nombres son *Qué*, *Por qué*, *Cuándo*, *Cómo*, *Dónde* y *Quién*.

Y también, siempre que se vaya a leer un texto importante, será bueno recordar y usar los seis sirvientes.

VPIDI

Esta técnica tiene este nombre porque son las siglas de los pasos que se tienen que seguir para poder lograr una buena comprensión del texto. A diferencia del anterior en que cada parte tiene un peso similar, este sistema va de lo más general a lo más concreto, cada parte tiene un peso específico. Las partes son:

> **V:** Vista inicial
> **P:** Preguntas a realizar
> **I:** Incrementar información del texto
> **D:** Describir el tema leído
> **I:** Investigar sobre lo aprendido

> El primer punto (V) proporciona una **idea general del texto**, a partir del título y los subtítulos, leyendo cada vez de forma más concreta hasta completar la lectura. Se puede subrayar alguna palabra o frase que se encuentre relevante y pueda ser la clave del sentido general del texto.

> El segundo paso (P) es **preguntarle al texto**. Se pueden utilizar las preguntas de la técnica anterior, las seis *w*, también se pueden utilizar otras preguntas, como la conexión entre diferentes hechos que suceden en el texto, o cuáles son los principales subtemas; cualquier pregunta que pueda ayudar a tener más información y un espíritu crítico del texto es buena.

> De esta forma se introduce el tercer paso, la (I), **incrementación de información,** ya que con las preguntas que se han hecho se ha obtenido más información, pero aún se puede tener más si se consultan otras fuentes de información. Dependerá de lo que se quiera hacer con el texto y la situación en la que se tiene que enten-

der; no es lo mismo un contrato que durante un examen.

> El cuarto punto (D) es el proceso de **plasmar sobre el papel todo lo que se ha podido sacar del texto leído,** de esta forma se logra mostrar el 100% de la comprensión textual.

> El quinto punto (I) no es solo una **búsqueda** para saber más, sino también **investigar** sobre la forma en cómo se ha logrado adquirir la comprensión del texto, para así poder sistematizar la técnica de comprensión.

VCIEER

Este sistema es similar al anterior. Va de lo general a lo más concreto, pero a diferencia del anterior, este sistema sirve más para obtener un conocimiento más profundo, más adecuado cuando se tiene que realizar un proyecto, o en exámenes de desarrollo. Cada uno de los pasos sirve para aumentar la información que se tiene del tema. Otra de sus aplicaciones es iniciar sistemas de comprensión en tipos de documentos específicos, como contratos, o determinados estilos literarios.

> **V:** Vista inicial
> **C:** Cuestiones sobre el tema, para entenderlo mejor
> **I:** Información conseguida por la lectura
> **E:** Esquema
> **E:** Explicación del tema aprendido
> **R:** Resumen

> Como el anterior sistema, se inicia con una lectura o **vista general** (V), para tener una idea global; se puede subrayar algún punto que se encuentre relevante.

Retención en la memoria según la técnica utilizada	
Si nos los **explican**	10% de la materia
Si lo **leemos**	25% de la materia
Si lo **escribimos**	45% de la materia
Si hacemos un **esquema**	75% de la materia
Si lo **explicamos**	95% de la materia

> El segundo punto es **cuestionar el texto** (C), de tal forma que se logre una mayor concreción del mensaje que está transmitiendo. Si no se consiguiese, es preciso preguntar a alguien sobre el tema, como a un asesor o a un profesor.

> El tercer punto es enumerar el conjunto de **información** (I) **adquirida** sobre el texto. Este punto es muy importante en el tipo de comprensión que queremos lograr, ya que permite un desarrollo y un conocimiento más amplio del tema que se está tratando. Se trata de escribir la información de tal manera que se tenga presente y a partir de ella hacer una elaboración es relevante.

> El cuarto punto consiste en la realización de un **esquema** (E). Se puede hacer de la forma que se quiera, pero la más adecuada y la recomendada es un mapa mental, tal y como se explica en el siguiente capítulo. De esta forma se va a lograr un resumen conceptual del texto.

> El quinto punto se puede hacer con alguien que nos escuche (E) o para nosotros. Consiste en **explicar el tema** a partir del esquema realizado, como si fuese el mismo autor que tiene que explicarlo, para poder interiorizar.

> El sexto y último punto consiste en realizar un **resumen** (R) a partir de lo explicado, que nos sirva de ayuda si queremos repasar.

Para finalizar este apartado es importante que lo enlacemos con el apartado de funcionamiento mental. Si recordamos los tantos por ciento de información que se recuerdan de la información tratada, cuando mejor se recuerda una información es cuando se es capaz de explicarla.
Dependiendo del tipo de información tratada es muy adecuado que después de leer un texto imaginar que se le va a explicar con brevedad a un niño, aplicando la primera técnica. De esta forma se va a ver la cantidad de información que se ha retenido. Llegados a este punto, las técnicas se pueden aplicar en profundidad.

Reglas para la coherencia de un texto

El lenguaje es un sinónimo del pensamiento. Aquel que tenga la cabeza ordenada, seguramente, será ordenado. Ya se han visto diferentes formas de ordenar la mente, y que, a la vez, faciliten la agilidad mental y la memorización, como el casillero, con el que se pueden elaborar largas listas de objetos que memorizar o se puede entrenar con el *Speed-memory*.

Trabajar con la coherencia en la expresión escrita es sumamente importante, ya que conlleva un trabajo de elaboración y estructuración mental. De este modo, si se va logrando una buena comprensión lectora se irá mejorando la expresión escrita con la coherencia.

Un aspecto que se tiene que tener presente son las diferentes tipologías textuales. No hay que conocer todas las tipologías, pero sí tenerlas presentes para poder clarificar el objetivo del escrito que vamos a realizar. Por ello, nos podemos encontrar textos científicos, administrativos, jurídicos, periodísticos, ensayísticos, literarios y publicitarios, todos y cada uno son tipologías textuales, cada una cumple su función. No hay que pensar en cada tipología y ser estricto en el momento en que se va a escribir sino, más bien, tener presente el objetivo con el que se escribe el texto, y seguir una tendencia. Por ejemplo no adoptar una tipología administrativa si se va a escribir un anuncio, ya que no facilita el acercamiento del interlocutor. En sí, es tener clara la idea y aplicar un estilo en consecuencia.

Ideas

Es lo primero que se tiene que tener para poder escribir. Pueden estar basadas en una intención o ser respuesta a la acción de otro. Lo que sí se tiene que hacer antes de escribir son unas anotaciones de lo que se quiere escribir, en una hoja a parte o en la misma hoja, poner las tres o cuatro ideas principales de que va a tratar el escrito. Es, sobre todo, importante para los estudiantes cuando tienen que escribir una redacción, y aún más si se trata de una redacción en un idioma extranjero. Realizar esta pequeña acción sirve para ordenar el pensamiento y poder seguir un hilo durante la redacción del texto.

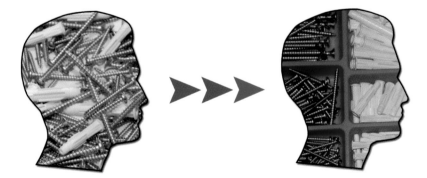

Las técnicas

Las seis *w*

Otra técnica que es compartida con la comprensión es la de las seis *w* o los 6 sirvientes. Se puede combinar con la técnica anterior de las ideas. Simplemente, consiste en una reflexión acerca del tema sobre el que se va a escribir, y pensar en la información que proporcionan las preguntas *¿qué?*, *¿quién?*, *¿cómo?*, *¿cuándo?*, *¿dónde?* y *¿por qué?* Una vez se tengan las respuestas, ya se tendrá más clara la información que se tiene que añadir al texto. Una vez se haya escrito, es bueno revisar si en la información, por sí misma, no quedan suficientemente manifiestos los datos de los *sirvientes*.

Esquema

Esta técnica es complementaria a las dos anteriores. La idea básica es elaborar un mapa mental del texto que se quiere realizar. De esta forma se obliga a que estén claros el tema central, las ideas principales y también las secundarias. Plasmándolo en una hoja que se tenga, como referencia mientras se redacta, resultará más sencilla su elaboración. Otro recurso que se puede aplicar en esta técnica y que es complementario es una hoja con diferentes tipos de conectores, que sirvan para conectar las ideas.

El mapa mental sirve para tener una idea clara de la distribución del texto en párrafos. Además, cualquier tema relacionado que se nos ocurra durante la redacción, se puede incluir en el mapa mental sin problema.

La práctica, ejercicios

Un buen ejercicio con el que se va a poder incrementar la calidad de la expresión, es la simple práctica. Independientemente del estilo o tipología textual que se vaya a escribir, el hecho de escribir de forma regular favorece la sencillez en la expresión y la coherencia textual. Además de la práctica, se puede aumentar la calidad del texto escrito mediante el ejercicio de la lectura crítica. Esta lectura del texto tiene que ir enfocada ante todo a aspectos sencillos, como pueden ser la repetición de palabras (entonces buscar sinónimos), la falta de comas, la falta de información, expresiones poco claras, etc. Simplemente corregirlas para que al leer nos sea agradable.

Este ejercicio puede durar solo unos veinte minutos como máximo, entre la escritura y la corrección. Si se hace de forma diaria, se pueden obtener buenos resultados en quince o veinte días. No es mucho tiempo, y la periodicidad, a partir de ese momento, se puede reducir a dos o tres redacciones por semana. Es un ejercicio muy sencillo que, para los alumnos de instituto y universidad, puede resultar muy satisfactorio, no solo por el resultado, sino también por la mejora en la expresión verbal y escrita. A la vez los resultados se van a mostrar en los exámenes de diferentes materias, tan dispares como lengua o ciencias, ya que la expresión verbal está presente en ellas. Además de para los estudiantes, sirve para cualquier persona que quiera mejorar su expresión escrita y, por ende, su expresión oral, ya que repercute en una me-

Lista de ideas

El ciclo del agua
> Nieve montaña
> Ríos
> Mar
> Evaporación
> Nubes
> Lluvia y nieve

Las *w* preguntas
> ¿Qué? Ciclo del agua
> ¿Quién? Agua
> ¿Cómo? Evaporación, condensación y licuación
> ¿Cuándo? Continuamente
> ¿Cuánto? Depende cantidad
> ¿Dónde? Montaña, valle, río, mar
> ¿Por qué? El agua en movimiento es vida. También regenera

jora de la estructuración mental en la expresión en general.

El *que*

A priori, puede parecer, por el título, que este ejercicio es un poco raro pero, lejos de ello, es uno de los ejercicios más sencillos y que mejores resultados pueden ofrecer. Se trata de realizar un escrito en el que no haya ni una sola vez la expresión *que*. Esta palabra puede ser una conjunción o un pronombre relativo. Además de ello, se utiliza en repetidas ocasiones para dar una respuesta y se abusa utilizándola en el lenguaje oral como conjunción mientras se está pensando. Todo ello se acaba reflejando en el lenguaje escrito y, por eso, muchas veces sucede que en los textos hay una excesiva repetición del *que*.

El ejercicio es muy sencillo, simplemente hay que elegir un tema con el que se pueda hacer una redacción de entre diez y quince líneas, y tener en mente que no se puede escribir la palabra *que*. El resto del ejercicio supone ir buscando otras estrategias que impidan poner el *que* en algún lugar de la redacción. Algunas de estas estrategias son: poner otra conjunción, utilizar otro pronombre, añadir un signo de puntuación, repetir el nombre de alguna forma; pero siempre intentando buscar la manera más elegante para expresarse.

A medida que se vaya practicando, la amplitud del texto irá aumentando, porque cada vez resultará más cómodo expresarse sin el *que*. El límite está donde se quiera, pero un buen momento para darse por satisfecho es después de escribir un texto de unas cuarenta líneas, aunque dependiendo del tamaño de la letra el número de líneas puede variar. Una vez llegados a este punto, es bueno seguir practicando una vez por semana o una vez cada dos semanas.

Ejemplo con *que*

Salió de la casa sin mirar atrás, corriendo, pensaba que la seguirían y que no podría alejarse demasiado sin que la atrapasen de nuevo. Siguió por un camino que llevaba hasta el lago y allí tuvo que detenerse unos segundos para decidir qué debía hacer: retroceder era arriesgado, pero entrar en el lago era una temeridad...

Ejemplo sin *que*

Salió de la casa sin mirar atrás, corriendo. Pensaba en aquellos hombres e imaginaba sus pasos detrás de ella para atraparla de nuevo. Siguió por el camino del lago hasta llegar a él. En ese momento se detuvo durante unos segundos para tomar una drástica, temeraria y arriesgada decisión, regresar o entrar en el lago...

Diccionario de sinónimos, antónimos y parónimos

Unas herramientas importantes en la escritura son los sinónimos, antónimos y parónimos. Por ello, disponer de un diccionario de sinónimos, antónimos y parónimos supone una mejora en la expresión escrita y, en consecuencia, en la expresión oral. De esta forma se tiene acceso a palabras del mismo significado o de significado contrario, o aquellas palabras que son homónimas (palabras de significado similar pero escritas de forma diferente) u homógrafas (palabras que tienen significados distintos pero que se escriben de forma similar). Con este recurso se puede lograr una expresión escrita más amplia. Esta herramienta supone un aumento del vocabulario importante y más recursos para hacer un texto más rico en léxico.

La técnica es sencilla. Simplemente, mientras se escribe y se observa que hay palabras repetidas, se tiene que buscar en el diccionario una palabra sinónima. En el caso de que se esté argumentando a favor o en contra de algo es bueno utilizar tanto los sinónimos como los antónimos. Los parónimos resultan más difíciles de utilizar en los textos escritos; normalmente van muy bien para acertijos o juegos de palabras.

Ejemplo con palabras repetidas

*Salió de la casa sin mirar atrás, **corriendo**, pensaba en aquellos hombres e imaginaba sus pasos **corriendo** detrás de ella para atraparla de nuevo. Siguió por el camino del **lago** hasta llegar al **lago**. En ese momento se detuvo durante unos segundos para tomar una drástica, temerosa y arriesgada decisión: **regresar** singnificaba **regresar** en busca de sus enemigos, y entrar en el **lago**, un suicidio...*

Ejemplo con sinónimos y antónimos

*Salió de la casa sin mirar atrás, **corriendo**, pensaba en aquellos hombres e imaginaba sus pasos **ligeros** detrás de ella para atraparla de nuevo. Siguió por el camino del **lago** hasta llegar al oscuro pantano. En ese momento se detuvo durante unos segundos para tomar una drástica, temerosa y arriesgada decisión: **regresar** singnificaba **volver** en busca de sus enemigos, y entrar en el agua, un suicidio...*

Crecimiento

Un ejercicio para poder redactar con una mayor coherencia es el «crecimiento». Este ejercicio se puede realizar con varias técnicas anteriores. Por ejemplo, hacer una buena planificación de ideas o utilizando las seis w.

La clave reside en escribir una frase el máximo de sintética posible, que concentre el mayor número de datos posible para que el mensaje que se quiere transmitir sea completo y contenga todo lo planificado anteriormente.

Puede parecer complicado llegar hasta este nivel de síntesis, sobre todo en el inicio de la práctica. Por ello se puede empezar escribiendo dos o tres frases que contengan toda la información y, progresivamente, hacer cada vez menos frases hasta que se consiga una sola que contenga concentrada toda o gran parte de la información.

Una vez que se ha logrado realizar este ejercicio de síntesis de la información, lo que se tiene que hacer es alargar el texto, ganar en extensión. Buscando un paralelismo, sería como realizar una escultura con barro: al principio tenemos una pieza que se tiene que amasar, no tiene forma, y, a medida que se le quiere dar forma, se va elaborando.

En el caso de la primera frase sintética, esta sí que tiene un significado, pero se le tiene que dar forma. Este es el objetivo del ejercicio: ganar en crecimiento y forma textual. A medida que se van elaborando las frases el autor se tiene que percatar de la forma de enlazar las ideas, de la forma en que se separan en párrafos y de las diferentes formas textuales. Al final, es bueno repasar el texto para acabar de pulir la expresión. También se aprende que a la primera no se logran las palabras más adecuadas para el conjunto del texto. El punto final del ejercicio es cuando se ha logrado un nivel de significado suficiente en el que el autor se sienta a gusto, y en el que la forma de expresión también le satisfaga. Como siempre, no hay que forzar, si no ser regular, practicar este ejercicio de forma periódica. Repercutirá no solo en la expresión, si no también en la comprensión. Un ejemplo lo podemos poner con el ciclo del agua. Una frase que lo explique sintéticamente puede ser: «El agua está en constante movimiento». *La nieve de las montañas se funde y genera los ríos, que descienden hasta llegar al mar; allí el agua se calienta hasta evaporarse a las nubes, donde se condensa, y entonces cae en forma de lluvia o, si hace frío, nieve, para quedarse en las montañas desde donde se empieza a fundir y genera de nuevo el ciclo del agua.*

Para resumir en una frase este proceso se puede decir: *El agua está en constante movimiento, por tres procesos que transforman su estado: licuación, evaporación y condensación. De esta forma está en diferentes lugares de la tierra.*

A partir de esta explicación sintética nos podemos extender todo lo que queramos hasta el mayor detalle que se quiera.

Extensión

Otro ejercicio similar al anterior es «extensión». Si en el anterior se procuraba que el significado tuviese una forma y el autor supiera darla, este ejercicio quiere aumentar la capacidad de explicación.

El ejercicio es sencillo, consiste en elegir un tema, se pueden apuntar las ideas principales e incluso las *w*. La particularidad es que también se tiene que marcar un número de palabras o líneas mínimas de extensión del texto. De esta forma se obliga a una buena distribución de las ideas principales y secundarias, y a elegir bien las palabras, además de elegir diferentes recursos estilísticos que pueden ayudar a la expresión.

Es bueno plantearse el ejercicio a medio plazo para que pueda ofrecer unos resultados óptimos. Por ello hay que hacerlo de forma escalonada: primero ver la extensión que se es capaz de obtener y, después, ir aumentando en tandas de cinco líneas. Cada tema puede dar más o menos juego y, por ello, se tiene que ser consciente de los límites y de la elección del tema. Que sean temas cercanos a la persona que escribe.

Niveles del lenguaje

Un ejercicio que permite trabajar más el fondo del texto que la forma. Lo que se ha estado trabajando hasta ahora, son los niveles del lenguaje. A priori, puede parecer algo muy abstracto, pero puede ser más sencillo de lo que parece si no se complica mucho su ejecución.

Vamos a hacer una breve explicación sobre el lenguaje y su origen. Las dos creaciones humanas por excelencia son el lenguaje y las matemáticas. Si vamos por la calle observando elementos de la naturaleza no vemos ni un 3 ni tampoco una a, porque son creaciones humanas, son abstracciones de la realidad con las que un grupo de personas se han puesto de acuerdo en qué es cada cosa.

Así, el lenguaje en sí mismo es abstracto, pero dependiendo de lo que se hable puede ser más o menos abstracto. Si se comenta que a una persona se le cayeron las monedas al suelo, aquí el lenguaje está siendo muy concreto, ya que se está hablando de una algo que ha sucedido. En cambio, si alguien comenta que las imágenes no son ideas, aquí se está utilizando un nivel abstracto del lenguaje, porque se está haciendo referencia a elementos que en sí mismos no existen, sino que el ser humano los ha creado, como son las imágenes y las ideas. Además, en dicha oración no solo se les cita, sino que además se les está relacionando, con lo que aún hay más abstracción. Estos son dos ejemplos extremos de las formas de utilización del lenguaje a las que se puede recurrir mientras se escribe y se trata de darles una utilidad.

Este ejercicio se puede formular de diferentes formas. La más sencilla es que, cuando se ha escrito un texto y se está revisando, sea con un espíritu crítico para añadir y quitar aspectos del texto, en favor de utilizar los recursos de abstracción. Por ejemplo, si el texto está tomando un cariz abstracto, nutrirlo con recursos concretos que seguramente han sido los que han motivado la escritura de ese texto. Otro ejemplo podría ser que un texto estuviese lleno de concreciones, sin ninguna reflexión sobre ellas, en este caso se podrían añadir unas reflexiones que darían un tono más equilibrado.

Esta técnica de los niveles del lenguaje es muy adecuada para presentar textos que sean equilibrados en cuanto a concreción y abstracción. De esta forma, personas a las que les guste la concreción lo encontrarán agradable, y aquellos a los que les guste la abstracción, también. A la vez la riqueza del texto también será más grande, por tener referencias a diferentes niveles de la realidad.

Ejemplo de texto utilizando todas las técnicas

Recordemos el texto inicial:
*Salió de la casa sin mirar atrás, corriendo, pensaba **que** la seguirían y **que** no podría alejarse*

*demasiado sin **que** la atrapasen de nuevo. Siguió por un camino **que** llevaba hasta el lago y allí tuvo **que** detenerse unos segundos para decidir **que** debía hacer: retroceder era arriesgado, pero entrar en el lago era una temeridad...*

Ejemplo utilizando las técnicas aprendidas

Salió de la casa sin mirar atrás. Corría veloz como una gacela aún y estando realmente débil. Oía el crujir del bosque detrás de ella a cada paso e imaginaba a aquellos hombres, corpulentos y sin expresión, siguiendo sus huellas a pocos metros. El miedo se apoderaba de Elia y le impedía mirar atrás, solo podía seguir el camino del lago, sin buscar otras salidas de aquel poblado, seco y negro bosque. Caía y se levantába ágil como una hoja con el viento, no podía permitirse el lujo de curar las heridas propinadas por las ramas de los árboles, gigantes dispuestos a entorpecer su huída. Cuando sus fuerzas estaban desapareciendo llegó el momento de decidir. El lago estaba a sus pies; en ese punto, el camino había acabado. Elia, desesperada, se arrodilló, sus lágrimas salaban el agua dulce del oscuro pantano, suspiró profundamente y pensó... «retroceder es ponerme en manos de quienes pueden acabar conmigo, ese sería mi final y nadie más que yo decide cómo y en manos de quién está mi destino» y se abrazó al agua...

A modo de resumen, vamos a ver la forma en que se mejora un relato. Como se puede ver en el texto puesto como ejemplo, la mejora ha sido significativa, no solo en la manera de expresarse, sino, además, en la calidad de la historia. Se puede observar cómo a medida que avanza el texto se va modificando para mejor:

> Se ha iniciado el capítulo con este texto y aplicando la técnica del *que* ya ha ganado en riqueza textual.

> Posteriormente, se han buscando otras palabras que se repetían y hemos visto como cambiándolas se ganaba en calidad.

> A continuación, se ha aplicado la técnica de los niveles de lenguaje, y se ha logrado precisar en detalles muy concretos cuando hacía falta, y recurrir a un lenguaje más abstracto cuando se hablaba de ideas o de sentimientos. De un texto de nueve líneas se ha podido pasar a otro, mucho más rico y completo para el lector, que ha llegado a ocupar veintidós, sin que el contenido ni la base de lo que se quería explicar cambiase. El resultado es notable.

Estas han sido las técnicas que se han utilizado para la mejora de este texto. Como se puede ver, se pueden aplicar en conjunto o solamente una para cada texto. Dependiendo del punto en el que tengáis más dificultades puede ser más adecuada una u otra, pero aplicarlas en conjunto, sobre todo para tareas de expresión, ya sea en textos literarios, como el que hemos visto, o en textos más académicos, hasta legales, puede suponer una gran mejora en vuestra expresión.

ESTRUCTURA DE LA MATERIA

Como se ha visto anteriormente la parte más importante de la materia que estudiar es la estructura. Nos podemos imaginar cualquier ser vivo al que se le retire su estructura más firme, que suele ser el esqueleto y quedará automáticamente desfigurado. En cambio, si nos podemos imaginar la estructura solamente, ya nos indica el tipo de ser vivo que se trata. Para mayor ejemplo, podemos recordar los esqueletos de los dinosaurios: solamente viéndolos, ya nos hacemos una idea aproximada de cómo eran. Lo mismo sucede con la materia de estudio. Si se conoce la forma en que está distribuida la información, es más fácil que se pueda conocer el sentido general que tiene, a la vez que también se puede deducir el contenido más concreto. Si además añadimos que se conoce mínimamente el contenido de la misma, la exposición en un examen o la explicación pueden facilitar mucho que la persona muestre un buen conocimiento de la materia.

En este capítulo vamos a conocer una de las formas más efectivas para distribuir la información de tal manera que sea sencilla, precisa y personalizada. Son los mapas mentales y es un sistema creado por Tony Buzan, que tanto sirve para temas de estudio, reuniones, motores a reacción como para organización de empresas. Debido a que en este libro tratamos el tema del estudio y de la capacidad mental, adaptaremos toda esta técnica para la mejora del aprendizaje, tal y como también explica Ramón Campayo. Para el estudio se aplican algunas variaciones de la idea original pero, sobre todo, en la manera de memorizar más que en la forma de realización. Ya se verá que se dan unos colores determinados que si el lector quiere puede cambiar por los que resulten más cómodos, pero es importante seguir la misma sistemática.

Mapas mentales

En el inicio hemos visto que el mapa no es el territorio, pero tiene que ser lo más similar posible dentro del reducido tamaño de un mapa. Los mapas mentales permiten organizar la información de tal forma que se pueda ver de un golpe de vista, lo que implica que siempre se hará sobre la cara de una sola hoja. A la vez, un mapa mental se puede acompañar de ilustraciones que sirvan para generar imágenes mentales de forma más rápida. Combinando letra e imagen, al cerebro le resulta más sencilla su asimilación. Los mapas mentales fueron creados por **Tony Buzan**, quien editó muchos libros para aplicarlos a diferentes actividades. **Ramón Campayo** fue quien los adaptó como técnica de estudio. La practicidad del mapa mental es muy amplia, incluso se puede utilizar para tener presentes las actividades del día o la semana, o las tareas que realizar, instrucciones que se tienen que seguir para un juego o estrategias de gestión de una empresa.

Para la elaboración de un mapa, primero se tiene que haber comprendido bien la materia expuesta. En el capítulo anterior se han detallado las diferentes técnicas para su comprensión. Es importante remarcar que si se ha comprendido bien el texto es más sencillo poder elaborarlo y, posteriormente, memorizarlo. El mapa mental proporciona una idea general de la estructura que tiene la materia. Anteriormente se ha visto cómo la estructura es más importante que el contenido, ya que, gracias a la estructura, se puede dar forma al contenido, es más fácil que desde fuera ya se vea un sentido y que nosotros mismos le podamos ir añadiendo materia

de forma ordenada, siempre de más general a más concreta, y será más sencillo reconstruir el tema estudiado. Entonces, el primer paso para poder elaborar un mapa mental es «darle forma».

Dar forma al contenido

Según el volumen del tema se puede llegar a subdividirlo para que sea más sencilla su elaboración. Así, de un solo tema pueden crearse dos o tres temas y sus consiguientes mapas. Es exactamente el mismo volumen, pero repartido, lo que hará más sencilla su elaboración y memorización. Para «dar forma» a un tema, lo primero que se tiene que detectar es el eje central de este tema, que generalmente viene representado por el título. Este eje central será lo que escribiremos en mayúscula en el centro de la hoja de papel y rodeado por un cuadrado. La hoja la dispondremos preferiblemente en orientación horizontal. En caso de temarios para estudio en la universidad o instituto, generalmente el tema ya está distribuido en subtemas o apartados, lo que permitirá empezar a dar forma al mapa mental. Aún así la cantidad máxima de niveles que haremos en el mapa mental serán cinco:

1. Eje central
2. Subtemas
3. Apartados
4. Subapartados o palabras clave
5. Conceptos

Este escalonamiento será el que acabará reflejado en el mapa mental.

De esta forma será como se tendrán que detectar las partes más importantes de un tema.

Detectar los subtemas es relativamente sencillo, pero lo más importante serán los colores que utilizaremos para señalar cada apartado.

Cómo señalar los apartados

El título del tema y los subtemas irán subrayados en azul, los apartados del subtema, en morado, y los conceptos centrales de los apartados, en naranja. Los colores han sido elegidos por orden alfabético, pueden ser diferentes a preferencia del usuario, lo que sí es muy importante es que el color de cada título sea igual tanto para el mapa como para subrayar las hojas del tema. Este punto es importante, ya que tiene que existir una uniformidad entre el mapa mental que realices y los apuntes o resúmenes de dónde sacamos la materia. En cuanto tengamos el resumen o apuntes, lo primero es subrayarlos con los colores indicados para después realizar el mapa mental. Una vez que se haya realizado el mapa mental, lo primero será aprendérselo, tal y como se explica más adelante, y posteriormente, aprenderse el resumen o los apuntes, para tener el conocimiento más concreto.

Memorizar un mapa mental

Un ejercicio muy recomendable para dominar bien la técnica de realización de mapas mentales es la práctica. Es importante ser regular en este ejercicio y, sobre todo, ir nutriendo el mapa de todos aquellos detalles visuales que faciliten la memorización y asimilación de los conceptos del tema. A la vez, si se va subrayando el propio tema o el resumen con los mismos colores facilitará un estudio más pormenorizado, ya que se podrá memorizar con más facilidad.

El estudio del mapa mental es similar al estudio de las listas de datos: se tienen que utilizar los dos principios, que sean imágenes y que su aso-ciación sea inverosímil. De esta forma, el título será una imagen, que hasta se puede visualizar en un escenario acorde con el tema estudiado. A partir de ahí, se pueden crear asociaciones con las imágenes de los subtemas, que pueden ir una detrás de otra; o realizar una asociación múltiple, que se trata de hacer una asociación triple o cuádruple, con tantos elementos como se tenga que hacer. Es muy importante que las imágenes y asociaciones de las palabras que estudiar sean elegidas en función de lo primero que venga a la mente cuando se dice la palabra, porque es la expresión más vívida de lo que la palabra significa para nosotros. Una vez se tenga clara la imagen del subtema, a partir de él se elaborarán las asociaciones correspondientes de los apartados de este. Como se ha dicho anteriormente se pueden añadir imágenes que faciliten la elaboración y el recuerdo de la historia.

Se seguirá con el ejemplo del ciclo del agua para plasmarlo en un mapa mental. Como se puede ver, el mapa mental de la derecha se ha estructurado a partir de los tres procesos de transformación del agua. Para memorizar el mapa se puede empezar por cualquier punto. Como se trata de un ciclo, todos los puntos tienen la misma importancia.

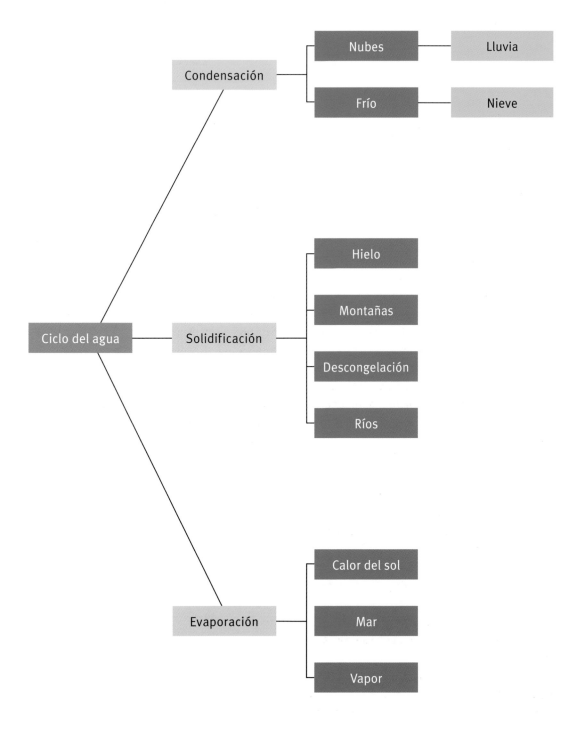

Cuadros de datos

Los cuadros de datos, también llamados matrices, son cuadrículas en las que, en la primera fila y la primera columna existen una serie de variables, también llamadas situaciones o localizaciones. La particularidad es que pueden ser combinadas entre sí y aportar un dato muy importante.

Las cuadrículas aportan lo que llamamos datos puros, difícilmente deducibles y que normalmente es importante saberlos, tanto para un examen como para el ejercicio profesional, también pueden existir algunos que sean banales. Podemos encontrar muchos ejemplos, tanto en situaciones cotidianas como en situaciones muy complejas.

El resumen de resultados de la liga de fútbol se puede exponer en una cuadrícula de este tipo, tanto en la fila superior como en la columna izquierda se ponen todos los equipos de la liga, entonces cada casilla corresponderá al resultado del partido entre esos dos equipos. En este cuadro habrá una diagonal en que no se ponga resultado, ya que será la coincidencia del equipo consigo mismo.

Otro tipo de cuadro de mayor complejidad, que puede resultar muy útil a los médicos residentes, es uno en el que se indique la medicación de mayor necesidad. Vamos a plantear una cuadrícula como ejemplo para el servicio de psiquiatría. Se puede plantear el cuadro como mejor se necesite, normalmente se medica a partir de la enfermedad que tiene el paciente. Entonces, en el eje superior se situarían las patologías más habituales, ya que es el dato a partir del que se precisa medicación. En las filas se podría situar otro tipo de variables, como pueden ser el tiempo, posibles incompatibilidades y medicamentos más adecuados según los síntomas.

Este primer ejemplo de cuadro de datos (cuadro de abajo) organizado para estudiar los medicamentos y sus características más importantes. Es un cuadro organizado para el estudio, no tanto para la práctica.

Este segundo ejemplo (cuadro de la página siguiente) tiene el mismo contenido que el anterior, pero la información está organizada de forma mucho más práctica, lo que puede ser muy útil cuando se tiene que medicar. Conociendo la patología y sus características se puede encontrar la medicación más adecuada de forma rápida.

	LORAZEPAM	ORFIDAL	NITRAZEPAM	PINAZEPAM
Duración	Corta	Intermedia	Intermedia	Larga
Patología	Ansiedad	Insomnio	Convulsiones	Ansiedad
Dosis (mg)	4	6	3	2
Pastillas	1/3	2	3	4

	ANSIEDAD	INSOMNIO	CONVULSIONES	ANSIEDAD GENERALIZADA
Medicamento	Lorazepam	Orfidal	Nitrazepam	Pinazepam
Duración	Corta	Intermedia	Intermedia	Larga
Dosis (mg)	4	6	3	2
Pastillas	1/3	2	3	4

Normalmente, nos encontramos cuadros de datos cuando son muchos datos puros y cada dato se puede encajar en dos variables.

La memorización se puede realizar de dos maneras, dependiendo de la función del cuadro. En caso de necesitar todos los datos de una columna, la mejor manera es memorizarlos como si fuese una historia. Si, por el contrario, se necesitan uno a uno, lo ideal es hacer una asociación de tres elementos: la variable de la columna, la variable de la fila y el propio dato. Si tomamos el primer cuadro como ejemplo para memorizar la asociación de tres elementos se haría: Lorazepam + Duración + Corta. Aquí, nos tendríamos que imaginar un loro, que sería la imagen para Lorazepam; para la duración, imaginar un reloj. Así, un loro que en su pico tiene un reloj y que apenas levanta el vuelo, que hace un desplazamiento corto. De esta forma se sabe que cuando se visualiza un loro con un reloj es corto; entonces poco tiempo para el loro. Si nos fijamos en la siguiente característica, que es la patología, la podemos visualizar como un pato, que es hasta donde llega el loro con el reloj. Este pato tiene un comportamiento muy particular que podría ser ansioso, o que le lleva hasta un asno. A partir de estas asociaciones se pueden conocer las características de los medicamentos, simplemente consiste en ir asociando a partir de imágenes inverosímiles.

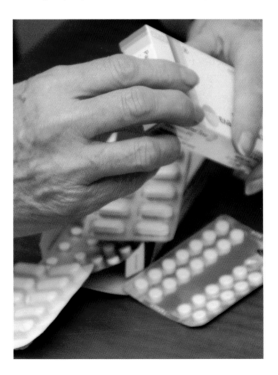

ESTUDIO

La regularidad

Técnicas aplicadas como una globalidad

La técnicas no solo sirven para el estudio, sino como estimulación de la mente para afrontar mejor los retos diarios, para, de esta forma poder tener mayor creatividad y más caminos en nuestro esquema vital con los que poder actuar de una forma más ordenada. A la vez tener la mente bien ordenada, como decía Edgar Morín en su libro homónimo.

La principal herramienta con la que se puede llevar a cabo este proceso es la **regularidad**, poder dedicar un poco de tiempo a los entrenamientos con los números es lo que realmente nos hará más fuertes. En este apartado se explicará cómo desarrollar esta regularidad.

Ahora resaltaremos por qué regularidad y no constancia y tenacidad. Normalmente, estas dos últimas palabras, como otros sinónimos de ellas, nos pueden producir una sensación que nos acerque a la dureza, la dificultad o situaciones inalcanzables. Lejos de estos objetivos, este libro quiere que la sensación ante el estudio o el ejercicio mental sea agradable; esta sensación será la que nos permita poder desarrollar esta capacidad. Todo lo que es agradable facilita su repetición, de esta forma será la mejor manera para que el estudio vaya en aumento. Por ello la palabra regularidad en el ejercicio es la que facilita de mejor manera esta sensación. Tenemos que practicar los entrenamientos de forma continua, pero no por ello lo tenemos que ver como una obligación, algo que se tiene que hacer estrictamente a diario.

El ejercicio tiene que planificarse de forma consciente con el tiempo de que disponemos, y practicarse de la forma más continua posible, evitando así que si un día no se entrena se viva como una culpabilización, o que si un día se entrena o ejercita poco es mejor que nada. Con todo ello, sobre todo se ha de resaltar la voluntad de ser regulares de acuerdo con el tiempo que se tiene, de esta forma se podrá avanzar sólidamente.

La regularidad es como un fondo de inversión. A medida que vamos ingresando el valor que queremos que crezca, crece el interés, y nunca mejor dicho. Iniciamos un fondo de inversión para tener una mayor seguridad económica, de la misma forma se pueden iniciar unos estudios para tenerla, ya que los títulos proporcionan una mayor estabilidad laboral y, en consecuencia, económica. De esta forma, a medida que ingresamos dinero en el fondo, la cantidad aumenta por el simple ingreso y también aumenta por el tipo de interés que se ha pactado. En este caso el tipo de interés no se pacta, sino que cada persona pone su «tipo de interés». Así, a medida que se ingresa, la cantidad aumenta por el ingreso y también porque el interés hace su función de aumentar el dinero. De esta misma forma, en nuestro fondo de inversión del estudio nos encontramos con la particularidad de que, a medida que ponemos tiempo de una forma regular, vemos que nuestro interés aumenta, con lo que tendríamos ganas de estudiar más tiempo, pero esto también se tiene que regular, porque sino, es fácil perder el interés. Por lo tanto, se tiene que ser regular, invirtiendo siempre el mismo tiempo, que será el que nos hará seguir manteniendo el interés e incluso aumentarlo, haciendo que estemos más atentos a lo que estudiamos y que siempre encontremos un hueco para estudiar. Que si un día no se puede o quiere estudiar o entrenar la actividad que se quiere, no se haga, y sin remordimientos ni ganas de recuperar. De esta forma se podrá mantener el interés.

Muchas veces se ha pensado que el cerebro es un órgano del cuerpo diferente al resto, pero no es así, se le tiene que atender como a los demás. Un órgano o músculo, para que funcione bien, se tiene que ejercitar. Esto es una obviedad, pero lo que no es tan obvio es la forma como se tiene que ejercitar, y este es el objetivo de este libro. Igual que cualquier otro músculo requiere de entrenamiento, si alguien tiene las piernas débiles se le recomienda que camine, pero si alguien pierde agilidad mental o memoria, no se sabe qué recomendarle. Un buen ejercicio para tener la mente activa es trabajar. Se ha observado durante tiempo que las personas, cuando se jubilan, empiezan a perder facultades, en parte por esta falta de actividad mental que exige el trabajo y también, en parte, por adoptar el nuevo rol de jubilado al que en nuestra sociedad se trata como a alguien que ya no es útil, aunque realmente no es así. Se tiene que dar espacio a todo el mundo.

Derivadas de estos problemas durante la jubilación, actualmente existen actividades para ejercitar la memoria como pueden ser los talleres de la memoria en diferentes centros municipales. También existen diferentes tipos de ejercicios que se han propuesto en este libro que están al alcance de todo el mundo y se pueden realizar de forma autónoma, además pueden ser preventivos de diferentes dificultades con la memoria.

En este sentido, podemos hacer otra reflexión en cuanto al ejercicio del cerebro. Los hábitos de higiene los tenemos integrados para tener un mayor cuidado corporal, de esta forma se evitan muchas enfermedades. En el siglo XIX hubo un gran aumento de la esperanza de vida por la mejora en los hábitos de higiene, ya que de esta forma se prevenían muchas enfermedades. Hoy en día, tenemos muchas acciones de higiene corporal integradas de forma diaria, como la ducha, lavarse los dientes, lavar la ropa, entre otros. Si pensamos en nuestros hábitos de higiene mental, nos encontraremos que estamos un poco descompensados, ya que si preguntamos cuáles son las acciones que realizamos de forma diaria para cuidar nuestro bienestar mental, seguro que hay pocas.

Independientemente de los ejercicios que aquí se plantean nos podemos preguntar si nos hemos comunicado bien, si en una discusión con alguien cercano hemos sido sinceros o si tenemos voluntad de arreglar la situación. Igual que cuidamos nuestra higiene corporal de forma diaria, seguro que no cuidamos de la misma forma nuestra higiene mental cotidianamente. Por ello es muy importante que empecemos a tratarla de forma similar. Haciendo algunos ejercicios sencillos que aquí se plantean, vamos a tener la mente más activa con ejercicios regulares.

Rutinas

La regularidad es el aspecto que permitirá una mayor fortaleza y agilidad mental. A la vez, todo ejercicio que se haga de forma continua permitirá un mayor crecimiento si sumamos el tiempo acumulado a lo largo de toda la práctica.

Es muy importante tener presente la diferencia entre acción y actividad. Ambas pueden parecer palabras sinónimas, pero en realidad no lo son tanto. Una acción es un hecho puntual realizado por una persona. Y una actividad es un continuo de hechos, también llamados acciones. Tiene un objetivo y una planificación, además de un conjunto de rutinas. Cuando a alguien se le pregunta «¿Qué haces?» puede responder con su acción o con su actividad. Por ejemplo, si vemos a alguien estudiando y le preguntamos qué hace, nos puede responder que está estudiando, o también nos puede responder que se está sacando una carrera. Ambos son hechos compatibles pero el primero es puntual (acción) y el otro es continuo (actividad). Otro ejemplo puede ser el siguiente: alguien está poniendo ladrillos y ante la pregunta «¿Qué haces?» responde que pone ladrillos, la otra persona le dice que eso ya lo ve, pero le vuelve a preguntar, y el otro le responde «hago una casa», que es un proceso continuo que implica varias acciones. Esta diferencia entre acción y actividad resulta vital en todo proyecto que se quiera llevar a cabo, ya sea estudiar para una asignatura, sacarse una carrera, saber los alimentos que se precisan para pasar la semana, consecuencias de la firma de un contrato o el control de los gastos de la casa. La actividad exige más procesos mentales y, por ello, más ejercicio mental. De esta forma

se quiere invitar al lector a plantear la vida con más **actividad**, ya que le permitirá una mayor salud mental.

Uno de los recursos para fomentar más actividad mental son las rutinas. Proporcionan sistematización y también previsión de lo que puede suceder. Además, al final de la actividad, que puede durar días o semanas, es más sencillo contabilizar las horas que se han invertido en la actividad y, de esta forma, ser más consciente de los resultados obtenidos en relación al tiempo administrado. Un buen recurso es el papel, siempre que se planifique el tiempo que se va a dedicar a una actividad será más sencillo que se puedan aumentar los resultados, sea la finalidad que sea.

Un ejemplo puede ser el fondo de inversión que se ha citado con anterioridad. Si dedicamos media hora o una hora entera diaria a una actividad, será más productiva que dedicar el mismo tiempo en un día a esa actividad. Puede depender del tipo de tarea, pero si son de tipo mental, si se hace de forma periódica permitirá un mayor rendimiento, ya que el descanso del cerebro facilita que el conocimiento se asiente. En el último capítulo se detallará la importancia del descanso, debido a los diferentes neurotransmisores del cerebro.

Entonces, para establecer buenas rutinas es preciso poderlas detallar en un organigrama donde salgan todas las horas del día, o aquellas horas que se pueden destinar al estudio. También es importante que, mirando esta hoja, se sea consciente del tiempo que se dedica al descanso y al ocio.

Para aquellas personas que trabajen, también es importante que se detalle, porque a veces se tiene conciencia de que solo se trabaja y se dedica poco tiempo al placer. Para aquellas personas que simplemente quieran entrenar con *Speed-memory*, pueden reflejar en un papel el tiempo invertido en su entrenamiento mental. Es importante ser consciente de la regularidad. Si algún día se quiere dedicar al descanso, puede resultar saludable. De la misma forma, cuando se está planificando el inicio del estudio se tiene que hacer de forma progresiva, empezando por poco e ir aumentando hasta llegar a un tiempo razonable de estudio. En cuanto al estudio de los mapas mentales es importante entender bien la información que está redactada en el tema que estudiar, realizar de forma adecuada el mapa tal y como se ha mostrado anteriormente, y memorizarlo a partir de las imágenes visuales y asociaciones inverosímiles.

El repaso de los mapas mentales permitirá su consolidación, por ello es de vital importancia la regularidad y, sobre todo, la laxitud si no se recuerda perfectamente todo. El estudio es una carrera de fondo. Con un mapa mental delante se va a recitar siguiendo la historia de asociaciones inverosímiles que se haya realizado, si un punto no se recuerda se puede mirar en el mapa para recordar la asociación realizada, si vemos que no se recuerda bien, hay que tratar de mejorar la imagen realizada, para que sea más agradable. Si no se recuerdan más imágenes no hace falta insistir. Se procura recordar la historia realizada con el mapa delante y al día siguiente se vuelve a repasar lo que se ha estudiado, de esta forma, con dos o tres repasos se logrará consolidar el conocimiento. Una vez que se recuerde la lección, los repasos serán más salteados, para no perder los datos memorizados. Así se podrá estudiar materia nueva.

ORGANIGRAMA SEMANAL EXTRAESCOLAR

HORARIO	Lunes	Martes	Miércoles	Jueves	Viernes
de 8:00 a 13:30	Mirar organigrama escuela para horarios y materias				
de 13:30 a 14:45	Casa				
de 15:00 a 17:00	Mirar organigrama escuela para horarios y materias				Biblioteca / deberes
EXTRAESCOLAR					
de 17:00 a 17:30	Merienda				
de 17:30 a 18:30	Biblioteca / deberes	Gimnasio o entrenamiento	Biblioteca / deberes	Gimnasio o entrenamiento	Teatro
de 19:00 a 20:00	Academia inglés	Teatro	Academia inglés	Biblioteca / deberes	Ocio
de 20:00 a 21:00	Cena				
de 21:00 a 22:00	Ocio	Deberes	Ocio	Ocio	Cena

Planificación de la materia

Además del estudio de materia educativa este sistema se puede aplicar al aprendizaje de idiomas. Solo con pensar la cantidad de tiempo, dinero y esfuerzo que realizan muchas personas para aprender un idioma se tiene claro que el sistema aplicado no puede ser bueno. Las academias de idiomas son buenos centros de aprendizaje de idiomas, hay buenos profesores que no aplican una metodología adecuada, enseñan a los alumnos a ser filólogos, pero no les enseñan a saber comunicarse en ese idioma nuevo, lo que, se supone, es el objetivo de toda persona que se propone aprender una lengua nueva.

Solo hay que fijarse en el aprendizaje de un idioma que hace un niño. Al niño lo primero que se le enseña no es ¿Cómo te llamas? Ni tampoco a escribir esta frase, ni tampoco ¿Cómo estás? Podría resultar muy frustrante para un padre intentar enseñar a hablar de esta forma. Claro que un niño, además de aprender a expresarse en el idioma del lugar donde ha nacido, también tiene que desarrollar otras habilidades, como aprender a escribir. Por suerte, los adultos ya sabemos hablar y escribir, simplemente, lo que se tiene que hacer es aprender el nuevo canal de comunicación mediante otra lengua.

Otro de los errores en los que se cae cuando se está aprendiendo una lengua nueva es no tener presente que aprender un lenguaje nuevo implica también el aprendizaje de una nueva forma de pensamiento. Es el error de la literalidad en la traducción. Para ello es muy importante hacer el ejercicio de dejar la mente en blanco y utilizar las menores comparaciones posibles entre la lengua materna y la lengua que se está aprendiendo. De esta forma se hace un aprendizaje más limpio de la nueva lengua y se aprende más rápido, porque se adoptan las formas de pensamiento desde cero.

Un elemento importante que obstaculiza el aprendizaje de lenguas es el imperativo de primero aprender bien el inglés y, después, ya se pueden aprender otras lenguas. Este es el error más común en nuestro país, ya que para aprender bien una lengua nos tenemos que hacer filólogos y esta medida es un poco excesiva. Aprender bien una lengua extranjera implica que la comunicación oral y escrita sea fluida. Pueden existir algunos vacíos de vocabulario, pero eso es aceptable, contando que se trata de una lengua extranjera. Si aprender una lengua nueva está condicionado a primero aprender bien el inglés, con mucha probabilidad no se aprenderían más lenguas que la británica.

Se tienen que respetar los propios errores. Vergüenza, cometer errores, hablar igual que el idioma materno... Primero se tiene que permitir cometer errores, es la forma de aprender, todo el mundo comete errores, incluso los niños cuando aprenden a hablar, hasta los adultos cuando hablamos nuestra propia lengua cometemos errores.

Un elemento clave para consolidar una lengua extranjera es la práctica. Hasta que no se tenga, será difícil poder comunicarse de forma adecuada. Por suerte hoy en día existen muchas posibilidades de acceso a la práctica de lenguas extranjeras. Con Internet, se tiene acceso a varios métodos de aprendizaje gratuitos, además de acceso a canales de televisión internaciona-

les en diferentes idiomas. También canales de radio, programas para charlar con personas de otros países, programas de aprendizaje de otras lenguas y plataformas con las que mantener el contacto con amigos extranjeros con los que se puede hablar en otros idiomas. Simplemente teniendo un ordenador y conexión a Internet se puede tener acceso a todos estos recursos de forma gratuita, además de los que existen pagando. Lo único que hace falta de parte del alumno son ganas y un elemento de un capítulo anterior, la regularidad. Por todo ello la persona que no quiere aprender una lengua es porque no tiene ganas o porque le falta regularidad en su trabajo.

Repaso

Si se decía que la regularidad es el aspecto que va a proporcionar fortaleza mental, el repaso es un elemento clave en esta regularidad. Este sistema permite aumentar de forma muy rápida la capacidad de memorización. Hace que los datos anteriormente complicados de memorizar ahora sean más sencillos, tanto por su complejidad, como por su volumen, ahora es fácil memorizar más de nueve datos seguidos, que en principio es el límite de la memoria a corto plazo. Todo ello se debe a que la memoria ahora es mucho más ágil y mucho más rápida. Para poder sostener este esfuerzo de velocidad se precisa regularidad. El repaso confiere el asentamiento de estos datos, para que ya no sea una relación mnemotécnica, sino un conocimiento propio de la memoria.

El repaso va a depender de la tarea que se tenga que realizar. Para la lista de la compra no se va necesitar repaso, ya que se va a elaborar y al cabo de unos minutos o al día siguiente se va a utilizar para comprar lo que se necesita. Existen otros datos como las claves bancarias, que se pueden aprender asociando imágenes, pero al poco tiempo ya no se necesita visualizarlas porque se utilizan con frecuencia y, al final, ya son un conocimiento propio. Podría suceder una cosa similar con los números de teléfono. Como hoy en día los teléfonos móviles tienen capacidad para almacenar muchos números, no hace falta recordarlos, aunque se puede ejercitar la memoria con esta actividad.

El repaso será fundamental para exámenes de varios temas de los que se hayan elaborado un resumen y un mapa mental. Simplemente dedicando veinte minutos de estudio por tema y un repaso diario el tema en cuatro o cinco días ya estará sabido y listo para examen. Si ese mismo tema estudiado se necesitase saber para unas semanas más tarde, con algunos repasos volvería a estar memorizado.

En el caso de temarios extensos como pueden ser las oposiciones, resulta fundamental dedicar un tiempo a la realización de mapas mentales y resúmenes, pero también se tiene que dedicar un tiempo al repaso, que será lo que dará más sensación de avance, y a la vez más ganas de seguir estudiando.

El repaso se puede realizar de formas diferentes, el más efectivo es el oral, una vez ya se sabe toda la materia. El ejercicio es ir viendo los conceptos principales a través de las asociaciones inverosímiles y recitando la relación entre ellos. Si se ha logrado un buen mapa, realizar el repaso de esta forma no será complicado. Si el examen fuese escrito, el hecho de haber repasado oralmente permitirá que se puedan dar muchos más detalles y mayor precisión en la respuesta, ya que durante el escrito se puede reflexionar más.

IDIOMAS

Estudio de idiomas

Este capítulo introduce el método que se puede aplicar para empezar a comunicarse en una lengua extranjera. Normalmente, para aprender una lengua que no es la propia, la primera reacción que aparece es el miedo y/o el desánimo, sobre todo cuando resulta una obligación. A priori, puede resultar complicado aprender una lengua nueva, ya que la experiencia de aprenderla puede recordar a los tiempos de la escuela o el instituto, cuando después de horas de clase no se aprendía nada; o grandes inversiones en academias de idiomas, en cuyos cursos se aprendía lo mismo que en el instituto.

Anteriormente, se ha comentado que la función pedagógica de las academias de idiomas es más bien formar a las personas como filólogos de una lengua extranjera, más que como parlantes de la misma. Así, en lugar de conseguir que una persona se comunique a diferentes niveles en una lengua que no es la suya, la pretensión es que sea capaz de conocer todas las reglas ortográficas y gramaticales, pero no por ello utilizarlas. Esta es una forma de complicar el conocimiento y dificultar que las personas gusten de aprender idiomas y aplicarlos.

Otro factor que dificulta el aprendizaje de un idioma viene más del alumno. Todo el mundo es capaz de expresarse bien en el propio idioma, pero no es capaz de expresarse al mismo nivel en otro idioma, es lógico, pero mucha gente se empeña en que sea así. La clave está en empezar a comunicarse con frases sencillas, coger facilidad y gusto a la expresión en idiomas nuevos; es la experiencia de volver a sentirse niño y cometer los mismos errores. Un elemento que permite aumentar mucho la facilidad para aprender una lengua nueva es trabajar con el pensamiento. Si se consigue pensar en la lengua extranjera, permitirá mucho más el conocimiento y la facilidad de adquisición.

En este sentido, un ejercicio sencillo puede ser pensar cinco minutos al día en una lengua extranjera, no importa si son pocas frases. Simplemente, repetir las palabras y/o frases que se conocen facilita la percepción de conocimiento de la nueva lengua.

Por ello la metodología que se explica en este capítulo sigue las fases de aprendizaje de un idioma que realiza un niño cuando aprende su primera lengua. La gran dificultad que aparece en este método es la vergüenza, también presente en los métodos de aprendizaje clásico. La gran ventaja de este método es que todo el mundo ya tiene experiencia en esta forma de aprendizaje y, por lo tanto, no resultará nada complicada.

Los elementos que aumentan el conocimiento de un idioma son, por un lado, esta experiencia comentada, y por otro, la metodología del sistema de memorización aplicada a los idiomas. Como se dice en el inicio esta metodología es a la memoria lo que la palanca a la fuerza: multiplica la capacidad.

Explicación del método para el estudio del idioma

Para empezar a hablar un idioma podemos ver cómo lo hacen los niños. Los pequeños primero adquieren la capacidad de decir sonidos, después letras, después juntan letras, repiten sílabas, forman palabras, para posteriormente formar frases con las que comunicarse.

Un niño de seis años tiene un vocabulario de más de 2500 palabras. Un niño a esta edad es capaz de comunicarse con facilidad y socializarse fácilmente. Existirán muchas palabras que desconoce, pero conoce las suficientes como para suplirlas. Lo mismo nos ocurriría en un idioma extrangero, tendríamos recursos suficientes para encontrar la palabra y hacernos entender.

Como se ve, este número de palabras es grande y bastante sencillo de memorizar con la metodología de asociaciones inverosímiles. En un tiempo de dos meses se puede lograr aprender y gestionar todo este vocabulario, igual que un niño de seis años.

Si somos pragmáticos y pensamos en la cantidad de palabras necesarias para poderse desenvolver en una lengua extranjera seguramente no supera las quinientas, que se pueden aprender en pocos días. Las palabras más importantes de un idioma siempre son los verbos. Alguien que se quiera desenvolver de forma satisfactoria en una lengua extranjera, con ochenta verbos tiene suficiente como para hacerse entender, y esta cantidad de palabras se puede aprender en un día o, máximo, dos. La voluntad de esta metodología es aprender las suficientes palabras en poco tiempo para lograr una gestión efectiva de ellas y así poderse comunicar.

Lo primero que se ha querido mostrar es que aprender una lengua no es tan complicado como parece.

Normalmente, se ve o se escucha a alguien hablando en una lengua que no conocemos e impresiona, y eso ya echa para atrás.

Si se empieza conociendo unas cuantas palabras efectivas de un idioma que permiten comunicarse, esto facilitará el gusto y la motivación por aprender más; si se muestra lo difícil que es una lengua extranjera, generará rechazo.

Como se ha visto anteriormente, para aprender y memorizar algún contenido, es importante trabajar de forma visual y enlazarlo de forma inverosímil. En el caso del vocabulario la técnica es sencilla, simplemente consiste en generar una imagen para cada palabra de nuestro idioma y enlazarla con otra imagen que corresponde al sonido de la palabra en el idioma foráneo. Con estas dos asociaciones se podrán expresar bastantes palabras en un idioma extranjero. Con esta técnica y utilizando algunos recursos que se van a explicar es como se puede aprender un idioma en pocos días. En el siguiente apartado veremos cómo realizar esta asociación y lo sencillo que resulta aprenderlo, memorizarlo y recordarlo.

Entrenamiento con los idiomas

La herramienta básica para poder aprender el vocabulario es crear una matriz de tantas filas como palabras se vayan a aprender y con cuatro columnas. La primera columna será para las palabras en nuestro propio idioma; la segunda, para la transcripción fonética de la palabra en el idioma foráneo. De esta forma, con solo leerla, se aproximará bastante a su forma oral. Esta transcripción fonética se puede hacer con nuestro alfabeto o con el AFI (Alfabeto Fonético Internacional), lo que resulte más cómodo. La tercera columna será para la palabra escrita en el idioma foráneo, para poder reconocerla en caso de estar escrita. La cuarta columna será complementaria. Mucha gente no la usa, pero va bien, ya que se utilizará para escribir la asociación inverosímil que se ha realizado para recordar la palabra. Como se ha dicho, a veces no se usa, pero resulta muy útil cuando se ha estudiado y durante tiempo no se ha repasado ni practicado la lengua, de esta forma es más fácil volver a recordar.

Veamos algunos ejemplos en la tabla de abajo con el idioma alemán.

Esta lengua tiene algunas particularidades que hace falta conocer para poder facilitar un poco la deducción de sus palabras. Por ejemplo, todos los verbos acaban en «-en». Si se habla de «usted» los verbos no hace falta conjugarlos ya que todos mantienen la forma del infinitivo. Como se puede ver, las asociaciones ligan las dos imágenes, la de la palabra en el idioma propio y la imagen del idioma extranjero tal y como se pronuncia.

A medida que se vayan practicando las palabras, se irá automatizando su utilización hasta no tener que pensar en la asociación para hablar en el nuevo idioma.

Es importante realizar estas listas de 4 columnas con la mayor cantidad de palabras, incluyendo verbos, sustantivos, adjetivos, adverbios y artículos. Una vez realizada la lista se tiene que memorizar de la forma explicada: primero visualizar una imagen de la palabra en nuestro idioma y, después, asociarla de forma inverosímil con la palabra extranjera.

Respecto a la rutina de memorización, solamente se tienen que aprender 10 palabras por día realizando su asociación. Al día siguiente repasar las aprendidas para dar más fuerza a la asociación y realizar 10 asociaciones más. Al siguiente día repaso de las aprendidas y 10 asociaciones más.

Castellano	Pronunciación	Alemán	Asociación
Bailar	Tansen	Tanzen	Tarzan bailando con una N
Ingerir	Haben	Haben	Se ve como alguien ingirere únicamente un haba cruda
Cobrar	Emfanguen	Empfangen	Se ve al cobrador del frac absolutamente enfangado

Normalmente cuando una palabra se ha repasado de 3 a 5 veces ya no hace falta repasarla diariamente, entonces se repasa cada 3 o 4 días. De esta forma se puede dedicar más tiempo a aprender nuevas palabras. Así que, por regla general, se han de aprender la misma cantidad de palabras; si se puede, un número aceptable. Al cabo de pocos días se ha de realizar la asociación y verla regularmente. Hay que ir salteando los días y repasar de tanto en tanto, manteniendo los repasos diarios de las palabras nuevas.

Una vez que ya se tenga un vocabulario aceptable es bueno ponerlo en práctica. Se puede intentar hablar con una persona que domine el idioma o intentar ver una historia sencilla en vídeo (las infantiles facilitan mucho la comprensión), para detectar en la realidad cómo se expresa el idioma.

Otro ejercicio muy sencillo es introducirse en un chat de la lengua aprendida para ver cómo se entiende y se explica de forma sintética y breve. A la vez, practicar con literatura infantil y juvenil facilitará el acercamiento al idioma, ya que el volumen de vocabulario será cercano al aprendido y facilitará la comprensión y seguridad en la nueva lengua.

A modo de ejemplo os facilitamos esta otra tabla que es de un idioma que no tiene nuestro alfabeto, es el japonés, una de las lenguas orientales más adecuadas para introducirse en este tipo de idiomas. Dentro de las lenguas orientales, es una de las más sencillas, ya que no tiene cambios en la entonación, como sucede con el chino o el coreano y además tiene un alfabeto bastante limitado comparándolo con el chino; el japonés tiene los kana. Por ello os facilitamos algunas palabras y la técnica para comunicarse en japonés. Utilizaremos la misma forma que con el idioma alemán. Una vez realizada la lista, se tiene que memorizar de la forma explicada: primero visualizar una imagen de la palabra en nuestro idioma y después asociarla de forma inverosímil con la palabra extranjera.

Castellano	Pronunciación	Japonés	Asociación
Tener	Aru	Aru (ある)	Alguien tiene un aro y no lo suelta
Duro	Katai	Katai (かたい)	Alguien dando golpes con una katana a una roca
Alto	Takai	Takai (たかい)	Alguien alto en un taca-taca

LECTURA RÁPIDA

Lectura rápida

La velocidad de lectura de una persona adulta oscila entre las ciento cincuenta y las doscientas palabras por minuto. Esta velocidad corresponde a la capacidad que tiene toda persona de hablar. Si pronuncia palabras de forma más rápida será difícil entender lo que dice. De esto se deduce que la velocidad es debida a pruebas de lectura que implican la ruta fonológica y no la visual. Se han realizado test de lectura a Ramón Campayo, certificando que podía llegar a leer a dos mil quinientas palabras por minuto de media. Eso implica multiplicar por doce la velocidad máxima de lectura. Con ello se quiere mostrar que el umbral de lectura de la persona está muy por encima de lo que habitualmente se realiza. La clave para poder aumentar la velocidad de lectura yace en ejercitar la mente, en visualizar lo que se está leyendo. A partir de setecientas u ochocientas palabras por minuto la mente tiene que empezar a encontrar otra forma de procesar la información que se está leyendo, por ello es que empieza a generar imágenes en un continuo para poder seguir el ritmo de lectura que se está llevando. Seguramente leyendo a un ritmo de doscientas palabras por minuto también sucede. Lo que añade este sistema de lectura rápida es la posibilidad de acelerar la aparición de esta visualización y generar un continuo, de forma que se pueda ir imaginando lo que se está leyendo. Como se ha dicho con anterioridad, con obras que impliquen un lenguaje más abstracto o especializado, será más complicado que aparezcan este tipo de visualizaciones, porque el lenguaje tiene poca relación con una realidad concreta. Aun así, la velocidad de lectura seguirá siendo mayor que a la que se está habituado.

Cabe mencionar que existen otras técnicas de lectura rápida, pero que no permiten aumentar tanto la velocidad, ya que se trabajan por la vía fonológica. Estas técnicas tienen por objetivo reducir las palabras en la lectura, obviar el final de las palabras, para así acortar el tiempo de lectura. Se logra una cierta velocidad hasta trescientas o trescientas cincuenta palabras por minuto, pero la comprensión queda claramente mermada, ya que la palabra no se lee como un todo y, por lo tanto, el significado de las palabras queda más distorsionado. Un ejemplo sería en el texto: *«El derrumbamiento del Estado hispanogodo, la conquista militar del territorio hispano para los musulmanes y la islamización de la mayor parte del país, crearon en los hispanocristianos un cierto espíritu de resistencia que comenzó a manifestarse en pequeños núcleos de población de los montes cantábricos y de las comarcas pirenaicas que se habían mantenido, de hecho, independientes de las autoridades islámicas.»*
En la palabra derrumbamiento solamente con leer «derrum» ya se deduciría de qué palabra se trata. Con la palabra Estado, con leer «esta» ya se supondría. En conquista, leyendo «conquis» ya se supone.
Como se puede observar este método acorta las palabras para ganar tiempo, pero no para conseguir mayor rapidez en la lectura conservando todo el contenido que se tiene que leer. Al principio supone menos esfuerzo pero, con el tiempo, es fácil percatarse de que dificulta el aprendizaje. Por ello, aunque a priori suponga un mayor esfuerzo, es recomendable empezar a entrenar la vía visual.

Con las técnicas que aquí se enseñan, se puede aumentar la velocidad de lectura de tal forma que se gane velocidad, pero sin perder comprensión. Aun y así, es importante remarcar que la velocidad irá un poco en función de la densidad del texto y del grado de especialización. La densidad de un texto se mide por la cantidad de datos puros que hay por línea; un dato puro es una información que es difícilmente deducible. Por ejemplo, la capital de Alemania es Berlín. Si hay dos datos puros por línea o más, podemos considerar que se trata de texto denso. Un texto especializado se trata de un escrito que se reduce a un campo determinado del conocimiento, por ejemplo, una sentencia judicial o un artículo de biología. Estos textos harán referencia a conceptos. Si nos encontramos en una de las dos situaciones será difícil ejercitar la lectura rápida, ya que seguramente se darán cosas por sabidas. El principal consejo es leer con calma y, si se presta, consultar a un especialista en el caso de que el texto sea comprometido. En cambio, si se quiere leer una novela, el periódico o alguna lectura liviana se verá como incluso se puede leer más rápido de lo normal. Una de las razones es porque cuanto más largo es el texto, más fácil es seguir su hilo, en el caso de las novelas, ya que es una historia que se desarrolla.

Para finalizar esta explicación sobre la diferencia de la vía visual ante la vía fonológica querría poner un ejemplo que seguramente los lectores ya conocen: «*Sgeun un estudio de una uivenrsdiad ignlsea, no ipmotra el odren en el que las ltears etsan ersciats, la uicna csoa ipormtnate es que la pmrirea y la utlima ltera esten ecsritas en la psiocion cocrrtea. El rsteo peuden estar ttaolmntee mal y aun así pordas lerelo sin pobrleams. Etso es pquore no lemeos cada ltera por si msima snio la paalbra cmoo un tdoo.*»

Este es un claro ejemplo de que se puede leer de forma rápida entendiendo lo que dice aunque se haya alterado el orden de las letras, ya que el cerebro procesa las palabras como un todo. El hecho de procesar las palabras como un todo se debe a que se está realizando una lectura de tipo visual, y no fonológico. Si se intentan leer las palabras de forma silábica o letra a letra, con seguridad será mucho más difícil entender lo que dice. En cambio, si se intenta leer de forma rápida se va a entender mucho mejor. Esta es la esencia de la lectura rápida, leer las palabras como un todo para ganar velocidad. Además de ejercitar este tipo de lectura hay otros ejercicios que ahora se van a explicar para poder aumentar aún más la velocidad de lectura.

Antes de finalizar este primer apartado con la lectura rápida es necesario recordar que estos ejercicios están planteados para el entrenamiento de la lectura en adultos. Para los niños también se pueden utilizar, pero deben tener el ejercicio de la lectura consolidado, proceso que no tiene una edad bien fijada. Sí que se puede procurar la utilización de la vía visual antes que la fonológica para facilitar la comprensión, la rapidez y el posterior avance a la lectura rápida. De la misma forma, conviene recordar que no siempre se podrán leer a una velocidad alta documentos comprometidos y que requieran una mayor atención, sobre todo si se trata de textos especializados o con un componente comercial, como puede ser un contrato. Lo que conseguirá el lector después del entrenamiento es procesar con mayor rapidez la información que está leyendo. Si, además, se añade la utilización de los mapas mentales y el casillero, que confieren una mayor estructuración y orden mental, esto también repercutirá en la rapidez de lectura, ya que el conocimiento que se esté adquiriendo rápidamente irá encontrando su lugar y su tiempo.

Ayuda complementaria: la mecanografía

Una actividad complementaria que suele ayudar a la mejora de la velocidad mental en general es la mecanografía. Una vez que se ha cogido velocidad en la escritura a máquina u ordenador, actualmente, aspectos más concretos como pensar qué dedo se tiene que mover para escribir una determinada letra se obvia y por lo tanto el espacio mental dedicado a razonar sobre procesos más simples se deja para poder procesar todo aquello que resulta más complicado. Es lo que se ha dicho con anterioridad, leer la palabra como un todo. Escribir a máquina es tratar la palabra como un todo. La velocidad de escritura se mide en pulsaciones por minuto, es la cantidad de teclas que se presionan por minuto. Para lograr una velocidad de escritura de doscientas pulsaciones por minuto, se han de pulsar doscientas teclas en un minuto. Para poder llegar a esta velocidad, no se necesitan más de veinte horas de entrenamiento. Doscientas pulsaciones por minuto ya es una velocidad adecuada; trescientas por minuto es una velocidad rápida y que también se puede lograr, con algo más de treinta horas de entrenamiento. Es un pequeño esfuerzo que vale la pena hacer, porque esta técnica mecanográfica no se pierde y cada vez se tendrá que utilizar más, ya que la escritura por ordenador será la que más se utilizará, o, si no, la que más se utiliza en la actualidad. De esta manera quedará para siempre y ayudará a desarrollar más las capacidades de abstracción.

Para poder practicar la mecanografía en condiciones, se puede asistir a una academia de mecanografía. También existen academias en línea, y algunos programas informáticos que permiten el aprendizaje de mecanografía. De cualquier forma, aprender a escribir con rapidez en un teclado está al alcance de cualquiera, y es muy recomendable tanto para la escritura en sí misma, como para la lectura rápida y el ejercicio mental.

Habilidades y ejercicios

Existen diferentes habilidades que se tendrán que ejercitar para poder desarrollar una lectura más rápida. La primera es empezar a ejercitar la lectura visual y no la lectura auditiva. Para lograrlo se tiene que evitar repetir lo que se está leyendo; cada vez que se note que se está vocalizando, hay que intentar evitarlo. Otro ejercicio adecuado para ello es «ver» las palabras antes que leerlas. Puede parecer algo complicado. En lugar de fijar la atención en la primera letra, hay que fijarla en todo el conjunto de la palabra. Esta simple actividad va a ahorrar mucho tiempo y con ella se ganará mucha agilidad. Con esta práctica se está ejercitando la lectura visual, más que la auditiva. Recordemos que la auditiva se tiene que centrar en palabras desconocidas o que resulten complicadas de leer por su longitud y especialización.

El segundo ejercicio, más especifico, trata de aumentar la amplitud de visión. El primer ejercicio que podemos realizar es con números. Fijémonos en el cuadro a continuación.

895	732	583	089	382
774	241	904	302	653
925	321	859	594	393
857	483	642	089	328
774	241	904	390	653
925	321	859	594	393

Como se puede observar, cada número está compuesto por tres cifras, el objetivo es leer todo el número solamente fijándonos en la cifra que está en medio. Así, por ejemplo, el primer número es 895; nos fijaremos en el 9 para ver también el 8 y el 5 sin mover el punto de atención del 9. Luego pasaremos al siguiente número, el 732; nos fijaremos en el 3 y también tendremos que ver el 7 y el 2 sin mover el punto de atención en el 3. Lo mismo haremos con el tercer número, 583; en este caso el punto de atención visual será el 8 pero, al mismo tiempo, veremos el 5 de la izquierda y el tres de la derecha. Y así en todos los números.

Este es un primer ejercicio para empezar a aumentar la capacidad de visión periférica.

Siguiendo en esta línea también se puede practicar la amplitud de visión con las palabras. Este ejercicio es muy similar al anterior. Simplemente consiste en coger un texto y fijar la vista en una palabra para intentar leer las palabras adyacentes sin mover la vista del punto.

Puede parecer algo complicado pero con la práctica resulta más sencillo, no consiste en forzar sino en entrenar la vista a prestar atención a aquello que se ve pero no se está observando. Es desarrollar la visión periférica.

Actualmente existen algunos juegos de videoconsola que incorporan ejercicios similares al que se acaba de presentar, se pueden utilizar como complemento a la rutina de entrenamiento que más adelante se va a desarrollar.

En el recuadro de la página siguiente tenemos un texto para ejemplificar mejor dicho ejercicio.

Félix salía del trabajo con ganas de llegar a casa para poder descansar después de un duro día de trabajo, poder ver a su mujer y compartir un rato con ella. Era raro porque a él le gustaba pasar tiempo con ella pero siempre andaba muy ocupado. Quizá era por el gran cúmulo de intereses que tenía ya que volviendo del trabajo se paró en un quiosco para comprar un panqueque y degustarlo tranquilamente en la plaza de Teodoro Crespi, muy cerca del quiosco, que además era pariente lejano suyo. Sentado en un banco reflexionó sobre su carrera rofesional como callista y como se había desarrollado desde que finalizó su formación, los diferentes centros podológicos en los que había trabajado.

Si se realiza la primera práctica con el texto superior nos fijaríamos, por ejemplo, en la palabra «comprar» y seguro que seríamos capaces de lograr leer las palabras: «por, el, gran, para, un, quiosco», entre muchas otras que con entrenamiento y tiempo se podrán leer. Después de haber leído unas 6 palabras adyacentes a la palabra que nos fijamos se seguirá haciendo con otras palabras situadas en otros lugares del texto.

Otro punto que ayuda al desarrollo es ganar agilidad en los ojos, enseñar a que se pueden mover mucho más rápido en la lectura de lo que lo han hecho. Como se ha dicho con anterioridad, la razón por la que como máximo se lee a una velocidad de entre ciento cincuenta y doscientas palabras por minuto es que se subvocaliza. Entonces, se lee como si se hablase, ya que si se habla más rápido, resulta complicado de entender lo que se está diciendo y, por lo tanto, se va a una velocidad similar al habla. Para empezar a leer y ganar agilidad sin perder mucha información nos tenemos que entrenar en la lectura vertical. Con esto se quiere decir que se lea de arriba abajo sin que los ojos se tengan que desplazar de lado a lado. Realizar esta práctica con los periódicos es ideal para ejercitar no solo este ejercicio. Las columnas de los periódicos son el mejor texto que se nos proporciona de forma diaria para poder ejercitar la lectura rápida. Una de las principales técnicas para leer de esta forma es que, una vez que se sitúan los ojos en la línea, hay que detectar la palabra más larga y leerla de forma visual.

Vamos a ver un ejemplo con el texto que continúa de la historia anterior:

*Pensó que ya tenía
casa en propiedad
y sus hijos Santi y
Conchi ya eran
mayores y con
estudios universitarios
acabados, por lo
tanto no tenía que
preocuparse por
ellos, era su momento.
Levantando satisfecho
después de esta
conclusión, quiso pisar
firmemente el suelo
cuando se vio salpicado
por sí mismo de un
charco mezclado
con un excremento
de perro.*

Como se puede ver, la anchura de la línea es similar a la de los periódicos. Es la misma cantidad de información pero servida en un «recipiente» más pequeño, lo que hace más fácil su asimilación. De esta forma no se tienen que desplazar los ojos horizontalmente sino solamente en vertical, con lo que se gana más velocidad.

Si se quiere hacer más sencillo se puede coger un texto y estrechar aún más la columna para que la lectura sea todavía más en vertical, de forma que solo quepan dos palabras por línea.

Pensó que
ya tenía
casa en
propiedad
y sus hijos
Santi y Conchi
ya eran
mayores y
con estudios
universitarios
acabados, por
lo tanto
no tenía
que preocuparse
por ellos,
era su
momento.
Levantando
satisfecho
después de
esta conclusión,
quiso pisar
firmemente
el suelo
cuando se
vio salpicado
por sí mismo
de un
charco mezclado
con un
excremento
de perro.

El objetivo de estos dos últimos ejercicios es ver que se puede leer más rápido si se distribuye la información de forma diferente a la habitual.
Dado que en los libros o textos que se tendrán que leer de forma frecuente la líneas estarán compuestas por una cantidad de palabras de entre doce y quince por línea, se tendrá que entrenar con otro ejercicio para que se pueda ganar más velocidad. Esta actividad está enfocada a que el lector gane velocidad de forma horizontal, de tal forma que pueda desplazar la vista más rápidamente a lo largo de la línea. Si se realiza una lectura de tipo visual, entonces con solo ver la palabra ya se reconoce. Podemos recordar el texto mostrado al final del primer apartado, en el que solamente estaban en su posición la primera y la última letra, el resto estaban desordenadas, pero se podía leer, sobre todo si se pasaba la vista por encima, logrando reconocer las palabras como un todo. De esta manera se ejercita la lectura visual. Para poder ganar velocidad en la lectura horizontal, empezaremos por dividir la línea en tres trozos. Estos tres segmentos servirán para fijar la vista en ellos y así leer de forma visual. Es importante que la vista se centre en el medio del segmento para así poder abarcar más información con la visión periférica. De esta manera se reduce el tiempo de lectura porque la información que leer será mayor. En una línea existen determinadas palabras que son importantes y otras que no lo son tanto, como pueden ser los artículos. Estas últimas se pueden obviar en beneficio de las palabras más relevantes. Las partes menos atendidas serán las que estén cerca del lugar donde se dividen los segmentos, pero ello no querrá decir que no se preste atención o que no se pueda seguir el escrito de forma clara, ya que la información es un todo que se tiene que entender y tratar. Por eso es bueno, una vez que se acaba un capítulo o que se finaliza la lectura, que se repase mentalmente lo sucedido. Este ejercicio de tres saltos es el primero de varias versiones; el siguiente paso será hacer dos saltos.
Entonces, en el ejercicio que ahora se va a hacer se tiene que centrar la vista en el centro de cada segmento.

> Cuando se empieza a practicar este ejercicio, es muy recomendable acompañar la lectura con un lápiz o similar para que guíe la vista y sea más sencillo centrar la atención y ganar en velocidad.

Se intentó limpiar, pero | anduvo hasta su casa | de mala manera. En cuanto abrió la puerta su mujer | se quejó que no la atendía, | que llegaba tarde, que fuera pensando en | cambiar de trabajo y quién le | había ensuciado con tanta mala sombra. Él sintiendo | una mala sensación ante | la respuesta de su mujer recordó todo lo que le | había sucedido. Fue cuando | él empezó a sentirse mejor por las reflexiones | que había hecho, a pesar | de la última sorpresa al levantarse. En ese momento | inspiró profundamente | y suavemente dejó salir todo el aire que llevaba | dentro para conservar la | calma y explicar a su mujer la razón de cómo llegaba. | Su mujer se fue calmando | a medida que Félix le contaba todas las | experiencias de esa tarde.

> El siguiente paso para ejercitar la lectura rápida es hacer dos saltos por línea. De esta forma se divide cada una de las líneas en dos segmentos. El ejercicio es muy similar al anterior, la única diferencia está en que se tendrán que dar dos golpes de vista por línea. De la misma forma, nos podemos ayudar con un lápiz y con el dedo para centrar con más facilidad la atención.

Se intentó limpiar, pero anduvo | hasta su casa de mala manera. En cuanto abrió la puerta su mujer se quejó | que no la atendía, que llegaba tarde, que fuera pensando en cambiar de trabajo | y quién le había ensuciado con tanta mala sombra. Él sintiendo una mala | sensación ante la respuesta de su mujer recordó todo lo que le había sucedido. | Fue cuando él empezó a sentirse mejor por las reflexiones que había | hecho, a pesar de la última sorpresa al levantarse. En ese momento inspiró | profundamente y suavemente dejó salir todo el aire que llevaba dentro para | conservar la calma y explicar a su mujer la razón de cómo llegaba. Su mujer | se fue calmando a medida que Félix le contaba todas las experiencias de esa tarde.

Plan de entrenamiento

Para poder realizar un entrenamiento en el que se aumente la velocidad de lectura, lo primero que se precisa es adecuar un texto:

1. Escoger un texto cualquiera, en el que quepan unas doce palabras por línea. Si se escribe con letra tipo Arial con un tamaño de cuerpo 12, en cualquier procesador de textos nos dará la medida adecuada.
Otra opción es utilizar el tamaño 14 para que quepan unas 10 palabras por línea. De esta forma, será más sencillo calcular la cantidad de palabras leídas.

2. Respecto a la separación de las líneas será bueno que estén separadas a 1,5.

3. Para poder facilitar el cálculo de las palabras leídas es bueno numerar las líneas en tandas de 5. De esta forma la numeración no quedará aglutinada ni será complicado de calcular el número de línea en el que se está.

Estas son las características de formato adecuadas para un texto que vamos a utilizar para entrenamiento de lectura rápida.
Una vez que tengamos el texto preparado se necesita otro elemento para trabajar la lectura rápida, es el registro de la cantidad de palabras leídas.

4. Solamente anotando las líneas leídas y multiplicándolo por el número de palabras por línea se sabrá el número de palabras. De esta manera se podrá ir viendo la evolución de los resultados.

Teniendo estos elementos ya se puede empezar a practicar la lectura rápida. Como se ha dicho en diferentes momentos, lo que va a fortalecer más nuestra mente no es que la sometamos a grandes esfuerzos, sino que la sometamos a un esfuerzo adecuado de forma REGULAR. Con ello queremos decir que la mejor frecuencia de entrenamiento es la diaria; si resulta difícil encontrar un espacio diario, es recomendable hacer un entrenamiento cada dos días. Además se puede practicar con la cantidad de textos que se leen cada día, ya que hay muchas oportunidades para hacerlo. Otro ejercicio recomendado es leer el periódico, ya que las columnas incluyen poco texto y resulta fácil hacer una lectura en vertical.
Ahora se explica la rutina de entrenamiento con los ejercicios explicados hasta el momento. Se pueden realizar de otra forma, pero la que aquí se propone es la más completa y con la que se lograrán mejores resultados.

1. El primer ejercicio a realizar es fijarse en una palabra del texto e intentar leer las adyacentes. Intentar leer la mayor cantidad de palabras posibles y una vez ya se haya logrado fijarse en otra palabra y hacer lo mismo. Como se ha dicho con anterioridad, este ejercicio es para que el ojo gane visión periférica.

2. El segundo ejercicio es para enseñar al ojo que ante un texto escrito se puede mover mucho más rápido. Consiste en coger todas las hojas del texto e ir pasando la vista por encima intentando cazar alguna palabra; el tiempo por hoja es de 3

segundos. Este ejercicio no es para leer, sino para ganar velocidad. Es muy aconsejable tener un metrónomo para que indique el tiempo en que se tiene que pasar de hoja. A medida que se avance en el entrenamiento se puede reducir el tiempo en el que se ve la hoja.

3. El tercer ejercicio consiste en hacer una lectura lo más rápido que se pueda dando dos o tres saltos por línea, ayudado si se quiere del dedo o de un lápiz. La cantidad de palabras leídas de esta forma se tendrá que anotar en la hoja de registro. Para saber la cantidad de palabras leídas, simplemente hay que contar el número de líneas y multiplicar por el número de palabras que hay por línea. Este ejercicio hay que repetirlo tres veces.

4. El cuarto ejercicio es muy similar al anterior, la única diferencia consiste en que en lugar de procurar por la velocidad hay que procurar un poco más por la comprensión. Siguiendo el principio de la lectura por la vía visual, hay que leer los segmentos como un todo. De la misma forma, hay que anotar en la hoja de registro la cantidad de palabras leídas. También hay que repetir el ejercicio tres veces.

5. En el quinto ejercicio se trata de ejercitar la lectura en vertical. Se trata de leer un texto que tengamos preparado. Para cada línea que leamos, a la vez también se tendrá que leer la que está encima y la que está debajo de la que estamos leyendo, de esta forma cada línea se leerá tres veces. Para ello se tendrán que hacer 3 series de lectura. Cada lectura durará 2 minutos. Este ejercicio procura aumentar el campo de visión en el eje vertical; de esta manera, cuando se esté leyendo con la lectura rápida también se prestará atención a lo que hay encima y debajo, se ganará tiempo.

6. El sexto ejercicio consiste en leer un texto que queramos o el mismo texto que utilizamos para entrenar con la lectura rápida. El tiempo de lectura adecuado es de unos 10 minutos. De esta manera se empezará a automatizar la práctica de este tipo de lectura.

El procedimiento más adecuado para estos seis ejercicios es realizarlos todos cada vez que se entrene, ya que contemplan los aspectos más importantes de la lectura rápida y permiten avanzar como un todo. Respecto a la frecuencia, lo mejor es practicar de forma diaria o cada dos días. Lo que permitirá un mayor avance es la regularidad, como se viene diciendo, y sobre todo anotar la cantidad de palabras leídas. Si además de la rutina propuesta se ejercita un poco más se podrá avanzar más rápidamente, pero siempre dentro de un límite, ya que mucha práctica puede resultar un tanto agobiante y no dejar desarrollarse bien.

Un programa muy útil para entrenar la lectura rápida es el que viene en el libro *Curso definitivo de lectura rápida*, de Ramón Campayo. Con este programa se puede lograr una velocidad de lectura de hasta dos mil palabras por minuto.

AUTOCONTROL Y ACTITUDES SALUDABLES

Técnicas de relajación

Para la mente son tan importantes el trabajo regular y las rutinas, como el reposo. Como veremos en el siguiente apartado, la alimentación adecuada es imprescindible para el funcionamiento del cuerpo; según lo que comamos, tendremos unos resultados u otros. Lo que normalmente no se sabe, porque no se experimentan, son las dificultades asociadas a un mal funcionamiento de la atención. La atención está muy relacionada con el sueño. Se han hecho diferentes experimentos privando a los sujetos de poder dormir. Después de tres o cuatro días sin dormir la persona empieza a tener alucinaciones y, al cabo de unos cuantos días más la persona no aguanta y tiene que echarse a dormir. En algunos escritos medievales se explica que a los presos se les obligaba a no dormir y que al cabo de unos días morían. A esto se le tiene que añadir el estrés por otras torturas. Por lo tanto, dormir es tan importante como estudiar, es una retroalimentación que permite el crecimiento. Actualmente, se ha descubierto que durante el sueño es cuando se segrega más acetilcolina, un neurotransmisor que favorece la memoria; solidifica el conocimiento adquirido mientras se está despierto. Por lo tanto dormir bien permite consolidar lo que se ha estudiado de día, además de los efectos relajantes que tiene para la mente.

La razón por la que se insiste en el dormir es porque durante el día también se puede hacer entrar al cuerpo en un estado similar al sueño y permitir que descanse, para poder seguir estudiando o trabajando. Este estado es la relajación.

El sueño consta de diferentes fases, en las que las ondas cerebrales tienen diferente longitud. Son tres tipos de ondas: alfa, delta y theta. Las ondas delta y theta son las que aparecen cuando la persona está profundamente dormida, en cambio, las ondas alfa son las que el cerebro genera cuando se está empezando a dormir o cuando se hace una sesión de relajación. Si se realiza bien la relajación, durante quince minutos, puede resultar tan reparadora como una hora de sueño. No hay que caer en la trampa de creer que haciendo una relajación de dos horas sería como dormir ocho horas. Los quince minutos de relajación sirven porque no se deja al cerebro producir el resto de ondas, que son las que permiten un sueño bien reparador y que por la mañana nos levantemos bien descansados.

Además de todos los efectos reparadores de la relajación es importante saber que este estado físico y mental se relaciona con la seguridad personal. Tareas que actualmente se realizan, generalmente, con bastante tranquilidad y relajación, en otro tiempo fueron fuente de ansiedad y nerviosismo, pero a medida que se han ido repitiendo el estado se ha ido aproximando a la tranquilidad. Uno de estas actividades puede ser conducir. Al principio se tienen muchos nervios, a base de repetir la actividad se puede coger seguridad, pero también se pueden realizar ejercicios para facilitar la llegada de la seguridad. Estos ejercicios son la relajación. A esta se puede llegar antes y después de realizar la actividad.

Pero ¿qué sucede cuando se van enlazando situaciones a lo largo del día que generan estrés? Una buena solución es encontrar espacios del día en que se pueda realizar algún ejercicio de los que ahora se van a explicar, para poder afrontarlo en buenas condiciones. Es necesario estar en un estado físico en el que no se tiemble, ni se suda, ni se está en un estado interno que dificulta dormir o poder realizar las actividades cotidianas. Dependiendo de la actividad serán mejores unos ejercicios de relajación que otros. Ya se verá según la tarea que se realice.

Ahora vamos a enseñar diferentes formas de relajación que se pueden realizar en distintos lugares. El denominador común de estos lugares donde realizar la sesión de relajación es que tienen que ser tranquilos y con una luminosidad agradable, sin que sea muy intensa ni tampoco completamente a oscuras. Si por casualidad se vive en un lugar ruidoso se pueden utilizar tapones para las orejas y, de esta forma, poder estar más aislado, para tener un momento para uno mismo. Otro aspecto importante en todos los ejercicios es que la ropa que se lleve no apriete, hay que buscar la comodidad, ya desde el primer momento, para facilitar el estado de relajación.

Respiración

Para realizar este ejercicio se tiene que buscar un lugar cómodo y sentarse, con una mano sobre el estómago y otra sobre el vientre, en la zona central del diafragma. De esta forma se podrán sentir con más facilidad los cambios de inspiración a espiración y al revés. La consigna de este ejercicio es dirigir el aire de la inspiración para llenar la parte inferior de los pulmones; esta es una respiración completa. Este tipo de respiración implica que el aire llene los pulmones, lo que no se hace habitualmente. La inspiración habitual es de tipo pectoral llenando la zona superior de los pulmones. Por esta razón este ejercicio puede resultar difícil las primeras

veces que se realiza. A toda persona que haya recibido clases de canto, le resultará sencillo, ya que cantar implica un ejercicio de gestión de la respiración. Las manos tienen que estar siempre en el lugar citado, ya que permiten ser más conscientes del lugar y los músculos necesarios para ejercitar el llenado de los pulmones. Acompañando a esta voluntad de llenar los pulmones, hay que procurar no forzar e ir centrándose en las sensaciones corporales que produce esta nueva forma de respirar. La duración de esta parte es de dos a cuatro minutos.

Seguidamente, cuando se ha dirigido el aire a la parte inferior de los pulmones varias veces, se tiene que lograr mayor conciencia en la circulación del aire por el aparato respiratorio. Así, situar una mano en el estómago y la otra en el pecho, para ver los momentos de inspiración y de espiración. De esta forma se logrará una respiración completa sin que sea forzada.

Una vez que se ha logrado hacer una respiración completa llenando los pulmones, se tiene que conseguir un vaciado completo del aire alojado en ellos, para poder volverlos a llenar. De la forma que se ha enseñado, se tiene que empezar a realizar un continuo de inspiración y espiración, pero lo más lentamente posible.

Se tiene que continuar con una mano en el pecho y otra en el estómago, para ser más consciente de la parte de los pulmones que se está llenando. A la vez, para la espiración, es bueno acompañarse con el resto del cuerpo, abrir y cerrar los hombros.

Un elemento que puede ayudar son los hombros. Cuando se está exhalando, se va perdiendo espacio interior, el cuerpo se va cerrando y los hombros van hacia delante. Otro elemento que ayuda en la toma de conciencia de la espiración es la boca; juntando los labios se permite una mejor dosificación de la espiración y un mejor indicador de cuando se acaba el aire.

Una vez que se haya realizado en sentado, se puede realizar en otras posturas, como estirado o de pie. Así se logra extender la conducta de respiración y relajación a diferentes posturas.

La duración de este ejercicio completo está entre doce y quince minutos.

Un aspecto muy importante para este ejercicio es que la fase de inspiración tiene que durar menos que la espiración. Esta acción es la que producirá más relajación, ya que la acción contraria, más inspiración que espiración, produce hiperventilación, que es uno de los síntomas de la ansiedad y, por lo tanto, justo lo contrario de lo que se quiere.

EJERCICIOS DE GIMNASIA RESPIRATORIA

Lugar agradable

En este ejercicio la postura que adoptar es sencilla. Consiste en estar sentado con las manos sobre las rodillas, la espalda recta, sin forzar, y la cabeza ligeramente agachada. Es importante adoptar esta postura y que no exista mucha tensión en ninguna parte. Otra forma de adoptar esta posición es con la cabeza hacia atrás, con la nuca reposando sobre la espalda, mirando hacia arriba. Los ojos tienen que estar cerrados y el resto del cuerpo lo más relajado posible.

A diferencia del anterior, este va a precisar de visualización, y es compatible con una buena gestión de la respiración. Una vez que se tengan los ojos cerrados, se ha de tomar conciencia de la respiración y, si se quiere, se puede cambiar el ritmo para que resulte más cómodo y relajante. Una vez encuentres que tu respiración es la más adecuada, con los ojos cerrados, imagina que te levantas y empiezas a caminar para salir de la habitación en la que estás, sales del edificio y caminas por la calle. En un momento te das cuenta de que estás caminando por un lugar muy agradable que te resulta vagamente conocido y, mientras caminas, unos números te van apareciendo. Primero aparece el nueve y sientes cómo te vas relajando más; el ocho, las imágenes que ves toman más fuerza; siete, el sol brilla en las imágenes que observas; seis, vas haciendo la cuenta atrás hasta llegar al cero, que es tu estado de mayor relajación.

En ese momento del paseo llegas a un lugar en el que te sientes muy relajado, y que es un espacio de verdadero descanso, un lugar hecho a medida. Si existe alguna cosa que no te gusta en ese espacio la puedes cambiar simplemente con pensarlo. Has llegado a tu lugar de reposo, donde te resulta sencillo descansar y planificar con perspectiva lo que puedes hacer de tarea durante el resto del día, si hace falta. Para dejar el estado de relajación se ha de salir de ese espacio y empezar a hacer el paseo mental justo al revés, contando hasta el número nueve.

Es importante que, durante ese paseo de vuelta, cada vez se vaya tomando más conciencia de la realidad corporal que se está viviendo, ya que facilita la toma de contacto con la realidad física.

Visualización

Este es un ejercicio muy sencillo, que es complementario al «lugar agradable».

Consiste en recordar un lugar o un paisaje que se recuerde con una emoción positiva, alegremente o de forma relajada. Incluso puede tratarse del «lugar agradable» en el que te encuentras al hacer dicho ejercicio. Esta imagen servirá como referencia para poder inducir de forma más rápida un estado de relajación.

Simplemente se tendrán que buscar la posición, la respiración y el lugar para poder iniciar la visualización de esta imagen que suscita una serie de sensaciones proclives al bienestar. Normalmente el ejercicio es de corta duración y sirve para el día a día.

Este ejercicio es fácil de ejecutar y muy práctico para momentos de tensión de los que es difícil salir. En lugar de tomar un café o fumarse un cigarrillo se puede hacer este ejercicio que tendrá unos efectos más saludables y reparadores.

La relajación tiene unos efectos muy positivos y pocos negativos, cuanto más se practica mayor

es su fuerza y más fácil es controlar la mente para llegar a ese estado y más fructífero el trabajo que se puede hacer desde ese estado de conciencia.

Conciencia corporal

Este ejercicio es más de relajación física, y se puede realizar en muchos lugares. Es preferible realizarlo sentado, aunque estirado también se puede hacer, pero no es tan práctico.

Veamos cómo realizarlo:

Con los ojos cerrados, se va tomando conciencia de la respiración, de la forma en que se inspira y se espira, tratando de buscar un buen ritmo que permita estar relajado.

Una vez conseguido un buen ritmo se tiene que ir tomando conciencia de las partes del cuerpo, como con un escáner.

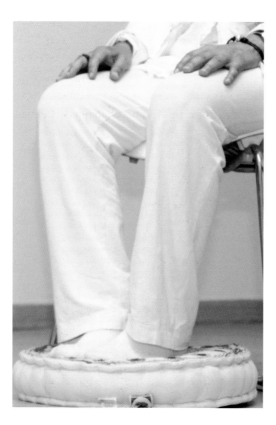

Empezando por la cabeza, se va centrando la atención en cada una de las partes, para tomar conciencia de su existencia y de su función. Es habitual que cuando se centra la atención en alguna parte, sobre todo en los músculos, se encuentren tensiones, que tanto pueden ser de origen muscular, si se han forzado físicamente, como psicológico, si se está pasando por una situación de ansiedad. Cambiar el estado psicológico facilita la superación de las tensiones. En este sentido, durante el ejercicio si se encuentra alguna tensión se tiene que centrar la atención en ella e imaginar que cuando se espira, se está sacando dicha tensión y, cuando se inspira, se está llegando a un estado de mayor relajación. A la vez también va bien procurar sentir calor en cada parte, ya que facilita la distensión de los músculos, así como frescor en la cabeza.

De esta forma se continúa el ejercicio de conciencia corporal, repasando el cuerpo como con un escáner.

Una vez finalizada la toma de conciencia de todo el cuerpo, se tiene que salir del estado de relajación intentando conectar con las sensaciones del espacio que nos rodea, escuchando algunos ruidos, viendo algún objeto con los ojos entornados, viendo alguna luz o simplemente sintiendo la ropa que se lleva puesta.

Este ejercicio trabaja mucho la sugestión del cuerpo a través de la inducción mental. Es una primera actividad que permite fomentar el autocontrol en cuanto a sensaciones y pensamientos. Realizado de forma continua permite ganar mayor control y trabajar con más soltura.

Alimentación

En cuanto a la alimentación, se tiene que resaltar la importancia de lo que comemos. El hecho de alimentar el cuerpo con un determinado tipo de alimentos no va a hacer que se aumente la memoria de forma espectacular, ni tampoco va a hacer ganador a alguien en *Speed-memory*, pero sí que va a ayudar a la mejora de las facultades.

Lo que sí hay que tener presente es que determinada alimentación o determinadas acciones alimenticias en determinados momentos pueden ayudar mucho al cuerpo a mejorar el rendimiento mental. Un ejemplo clásico es el «secuestro intestinal». Es el término vulgarizado que indica el proceso gástrico por el que el cuerpo lleva gran parte de la sangre al aparato digestivo para poder digerir bien los alimentos ingeridos después de una comida. Si la sangre se concentra en esta parte del cuerpo será difícil que tengamos el cerebro preparado para poder realizar actividad mental, se estará menos atento. De hecho, una consecuencia de las comidas, en especial las abundantes, como suele suceder en las comidas de mediodía en la tradición mediterránea, es que después la gente se duerma, busque un momento de paz o, como se suele decir en España, se haga la siesta. Esto es debido a que, como el cerebro tiene poca sangre, no puede realizar muchos procesos mentales, en favor de los procesos digestivos. Por ello, la reacción automática es cerrar los ojos y dejar un reposo mental y digestivo. Normalmente, este momento dura unos treinta minutos hasta que se empieza a recobrar la armonía corporal como en el resto del día. En caso de no dejar descansar el cuerpo, la sensación de necesitar tiempo para la relajación se puede alargar hasta dos horas, en las que, mientras se cree que se está trabajando, en realidad se está descansando mal, y serán dos horas desaprovechadas por no haber dejado descansar el cuerpo un rato. Por ello, es importante no ponerse a estudiar o a realizar un trabajo mental importante después de la comida o la cena, ya que se está actuando de forma contraria a lo que el cuerpo en ese momento necesita. Si se puede reposar un rato antes de ponerse a trabajar, será el mejor estímulo que se le dé al cuerpo. Menos aún, realizar una comida copiosa antes de un examen.

Otra opción es la que se realiza en otras tradiciones, como la británica. Allí preparan un desayuno grande, ya que en ese momento del día el cuerpo lo precisa. Cuando es la hora de la comida, ingieren poco alimento, pues están bastante saciados por el desayuno, con lo que se pueden poner a trabajar rápidamente, con poco descanso, porque han comido poco. También comen un poco antes que en España. Por lo tanto, si se tiene que hacer un trabajo intelectual después de comer, es recomendable descansar o procurar comer ligero, ya que puede condicionar los resultados.

A la vez que hay hábitos alimentarios que pueden condicionar los resultados negativamente, existen otros que los pueden condicionar de forma positiva. Un ejemplo puede ser comer chocolate antes de realizar actividad mental, como estudiar o un examen. Respecto al chocolate, existen diferentes condiciones que hay que tener en cuenta. En primer lugar los chocolates comerciales son dulces porque se mezclan con diferentes sustancias que le hacen tener este sabor, como azúcares o leche, y lo hacen más agradable al paladar. En este sentido, el chocolate negro es el que tiene un principio activo más fuerte, por muy amargo que sepa, es el que resulta más efectivo. Si se puede obtener con 100% de cacao será mejor. Como se decía, el chocolate puede ayudar al desarrollo del estudio y también de los exámenes por tener cacao. Esta sustancia es un activador mental similar a la cafeína, pero sin los efectos secundarios de esta. A la vez el chocolate contiene magnesio, elemento que facilita la actividad mental, por lo que permite estar con la cabeza despejada, sin adicción ni efectos secundarios. Siempre que se tome una porción de chocolate o una chocolatina antes, irá bien para el desarrollo de la actividad mental que se vaya a realizar.

Además de estas sencillas acciones, se tienen que tener en cuenta otros elementos como son los horarios de comida.

Como se ha visto en el apartado de rutinas de estudio, pueden favorecer mucho a un mejor aprovechamiento del tiempo y a la vez de las ganas de trabajar. De la misma forma, unos horarios fijos de alimentación también pueden ayudar. Además de acostumbrar el cuerpo a alimentarse a una determinada hora, también permiten una mayor planificación del día, ya que algunas horas ya estarán reservadas para la comida y la cena, con su consiguiente tiempo de realización (los más afortunados no tendrán que hacerse la comida) y su tiempo de reposo para poder rendir mejor. Con una buena organización de los aspectos básicos de la comida ya se puede tener otra actitud mental hacia el estudio.

Un alimento que favorece una buena actividad mental es el pescado, ya que contiene mucho fósforo.

Las carnes, normalmente, proporcionan más proteínas y también grasas. Si gusta mucho la carne siempre es mejor elegir carnes blancas, como pueden ser las de pollo o conejo, que tienen menos grasas. Un tipo de carne que hay que evitar es la carne roja, que contiene una tasa más elevada de grasas, nocivas tanto para el cuerpo como para los procesos mentales.

En este sentido, también hay que tratar de evitar o ingerir de forma muy espaciada los alimentos que proporcionan grasas saturadas, como puede ser la pastelería industrial.

Sustancias como el café, el tabaco u otros excitantes de la actividad cerebral, inicialmente pueden suponer una ventaja para el desarrollo mental, pero generan resaca y hacen mantener una actividad mental desproporcionada, lejos de la actividad regular, que es la que fortalece la agilidad mental. Por ello es importante tratar de evitar este tipo de alimentación y mantener una actitud saludable.

Actividad física

Otro elemento importante durante el estudio es la actividad física. Puede parecer que el estudio es antitético de la actividad física, pero contrariamente a esta idea, son compatibles, además de ser complementarios. Poder realizar otro tipo de actividad después de haber estado tiempo estudiando facilita que la mente se abra y pueda trabajar de otra forma para encontrar soluciones allí donde no se veían. La actividad física supone dejar de hacer trabajar la mente, dejarla descansar. Ahora el que trabaja más es el cuerpo, que lleva de paseo a la mente, con lo que el proceso creativo se facilita más, gracias al equilibrio en la actividad y el desgaste cuerpo-mente. Como decía el poeta crítico Juvenal, «mens sana in corpore sano», el equilibrio entre cuerpo y mente es necesario.

Dentro de la actividad física existen diferentes tipos. Dependiendo de cada persona, puede resultar más beneficioso uno u otro. Hay personas que gustan de fijar unos días a la semana para hacer un deporte en concreto, ya que existen unos horarios para realizarlo. En cambio otros prefieren hacer deporte a su aire para poder sentirse libres respecto al momento de su realización. A la vez, también depende de elegir un estilo deportivo u otro. Hay personas tranquilas que gustan más de un deporte explosivo y otras que prefieren un deporte más pausado. Esta elección puede depender de las características de personalidad de cada uno o del deporte en el que tenga práctica. Lo más adecuado en cuanto a la elección de deporte es la comodidad y tener una perspectiva amplia para poder variar. En cuanto a la práctica, que se sea regular en su ejecución es lo que más salud proporcionará.

Hábitos saludables

Además de los hábitos ya explicados, existen actitudes que pueden facilitar la adquisición de una mejor óptica mental. El simple hecho de dedicar unos minutos al día a la relajación, permite que el trabajo posterior sea más eficaz e incluso que el placer de llevar a cabo determinadas tareas sea mayor. A la vez, si esta actitud de relajación se aplica durante el trabajo también permite que se realice de otra forma. A menudo sucede, en el trabajo o en casa, que se tienen una serie de tareas al inicio y que, durante el día, se van añadiendo otras, lo que fácilmente da lugar a que la persona se estrese y los nervios le embarguen. Una de las razones principales por las que el estrés llega es por el excesivo sentido de responsabilidad, que hace suponer a la persona que todo se tiene que finalizar ya. En el supuesto caso real de que tuviera que ser así, existe un error de planificación en la empresa. En caso de no ser así, se ha de poder adoptar una actitud de relajación en la que, sin prisa pero sin pausa, se van realizando las tareas y, si llegan otras nuevas, se ponen en una cola, y en caso de existir algunas urgentes, siempre se puede empezar por ellas. Cambiar la perspectiva del trabajo con facilidad hace tener una postura más tranquila.

Un aspecto que hay que cuidar durante el estudio es la postura física, que tiene que ser suficientemente confortable. Un elemento a tener muy en cuenta es la recepción de la luz de estudio. Puede ser luz natural (preferible) o artificial, pero siempre tiene que venir por detrás para que el libro esté bien iluminado. Se tienen que procurar evitar los flexos, ya que si iluminan mucho el libro también producen un contraste lumínico muy grande. Por ello, mientras se lee o estudia hay que procurar que la habitación esté bien iluminada y no existan contrastes importantes, para que se pueda trabajar sin cansar de forma excesiva los ojos.

Siempre que una persona se enfrenta a nuevos retos, es fácil que le asalten miedos, y lo desconocido es también fácil que dé miedo. Respecto al miedo que provocan los retos, poner una fecha en la que se tendrá que haber realizado tal cosa provoca miedo, ya que existe la posibilidad de que no pueda ser realizado, con la consecuente decepción. Hay que tener muy presente que el mayor obstáculo que nos ponemos somos nosotros mismos. Si vemos o decimos que en algún lugar hay un problema, seguro que lo habrá. La mente se limita a realizar aquello que ve, si le mostramos una cosa que queremos, seguramente irá hacia ella, ya que es lo que ve. Si se quiere aprobar un examen, hay que visualizar ese examen aprobado, es la mejor forma de acercar nuestra mente al estudio, pero siempre teniendo en cuenta el resto de variables, sobre todo la regularidad en el estudio. Muchas veces las personas no son conscientes de lo que van mostrando, lo que los demás captan de uno mismo cuando hablamos, normalmente dejan ver lo que la persona quiere en la vida. De esta forma es como los demás le contestan, le ayudan a crear este objetivo, que a veces es consciente y a veces es inconsciente y puede lleva a un mal lugar. Por ello es muy importante actuar de forma consciente y con mentalidad positiva. El único factor que se tiene que regular de forma clara es la progresión. Hace algún tiempo, hablando con un amigo, me negaba la capacidad de crear las circunstancias. Al principio no estuve de acuerdo con él, pero más tarde, tal y como explicó su frustración, lo entendí. Él decía que ante el objetivo «ser presidente de los estados unidos», la capacidad creadora no funcionaba y estaba en lo cierto. El problema es que se estaba planteando un objetivo que seguramente a él no le motivaba internamente, estaba muy alejado de su realidad y, sobre todo, las circunstancias eran mucho más fuertes que él. En estos casos en los que las circunstancias son más fuertes que uno y también en los que no es así, es muy importante hacerse un planteamiento a corto plazo y marcar un objetivo que suponga un pequeño cambio, y que exista cierta inaccesibilidad, este primer escalón ayuda a subir la escalera. Es el crecimiento progresivo.

Como se ha dicho en diferentes momentos del libro, la herramienta más fuerte para dominar un campo es la **regularidad**. No es tan tediosa como la constancia ni tan dejada como la vagancia. Además, proporciona una destreza en cualquier tarea que sea realizada.

Siempre que se inicie una nueva práctica de cualquier actividad, es bueno tener presente la regularidad, ya que dará un sentido de mayor continuidad y se podrán tener más presentes la mejora y el cambio.

Para finalizar este apartado de hábitos, quiero resaltar la importancia de las barreras que pone nuestra mente para un cambio. Es como un río que, por mucho que se le cambie el cauce para que pueda recibir más agua, siempre tenderá a ir por donde siempre ha ido. Hay muchas personas que ya aplican la metodología que se plantea en este libro para trabajos importantes, como la dirección de empresas, y otros que la aplican simplemente para su día a día. Lo más importante es que su calidad de vida y agilidad mental han mejorado. Seguramente el mensaje que el lector tiene ahora en la cabeza es «este método está muy bien, iseguro que a quien lo aplica le va bien, pero a mí me costará!». Mi mensaje es, simplemente, paciencia y regularidad. En pocas semanas se empezará a ver un cambio que seguramente se apreciará comparando el estado antes y después de su aplicación.

Epílogo

Para finalizar, me gustaría decir al lector que este es un nuevo sistema de trabajo mental, mucho más efectico que el enseñado en las escuelas, y que permite un desarrollo mucho más potente que el aplicado hasta ahora. Como se ha visto, las aplicaciones son muchas y, sobre todo, no me cansaré de mencionar que es tanto para personas dedicadas al estudio como para aquellas que desean mejorar y tener la mente activa.

Este sistema no solo permite tener un desarrollo académico más satisfactorio, sino también a nivel laboral. Entre las personas que aplican este sistema recibo *feed-backs* muy positivos, me explican cómo gracias a su memoria ya no precisan de listas de tareas por hacer en el día, ni tampoco precisan de tomar notas en las reuniones, o que son capaces de memorizar largas listas de números sin esfuerzo, o que hacen la lista de la compra a base asociaciones visuales de los productos que tienen que comprar. Incluso aplicado para memorizar rutas en coche: conociendo las diferentes indicaciones que tenían que tomar, las han memorizado para llegar al destino, dejando de usar cualquier aparato complementario. En lo que ha tenido más éxito ha sido en el aprendizaje de idiomas, ya que facilita mucho la comunicación. El aprendizaje de un idioma para personas que lo precisan, laboralmente o por el gusto de aprender una lengua nueva, genera sorpresa en los alumnos, ya que pueden mejorar el conocimiento así como su capacidad para los idiomas. A partir del aprendizaje de idiomas también se trabaja la agilidad mental, ya que es la misma técnica, las imágenes visuales. Simplemente es por aplicar este sistema, que para ellos ya es algo normal, y que les ha resultado sencillo. En este sentido la práctica global de este sistema facilita la mejora.

Por todo ello, invito al lector a que empiece con la práctica REGULAR del casillero para tener el cerebro preparado para su práctica diaria. Seguramente, cuando empiece le puede resultar un poco extraño este nuevo sistema y quizá hasta le dé un poco de vergüenza su aplicación y las asociaciones que se realizan, pero ese mismo impacto es el que fortalece la capacidad de retentiva. Piense que solamente lo está viendo usted, y no tiene que mostrarlo a los demás; ellos simplemente verán los resultados, que son espectaculares.

Un programa que resulta de gran ayuda y del cual ya os he hablado en algún apartado del libro es el *Speed-Memory*, disponible de forma gratuita en **www.speed-memory.com**. Con él se puede entrenar el casillero y, sobre todo, la agilidad mental. Simplemente con dedicar cinco minutos al día, se puede aumentar mucho la capacidad mental. Conozco tanto a personas mayores como a niños que lo aplican. Para los mayores supone un ejercicio mental que puede tener efectos saludables. Yo mismo me inicié en la práctica de estas técnicas hasta el punto de presentarme a campeonatos tanto nacionales como mundiales, y llegué al campeonato mundial de memorización celebrado en Roma en septiembre de 2011, en el que logré la sexta posición de la clasificación mundial. Por supuesto que no hace falta llegar a practicar tanto como para presentarse a un torneo de este tipo, pero, con estas técnicas, está al alcance de todos.

Mi experiencia con estas técnicas ha sido muy positiva, y uno de los motivos por los que este libro se publica es hacer más divulgación de ellas con la esperanza de que sirvan para aplicarse de forma regular en los estudios que se quieran hacer. Sobre todo por el *long life learning* (aprendizaje durante toda la vida) que se ha propuesto a partir del tratado de Bolonia. Y también para la aplicación en el día a día, en el que también hay tareas memorísticas.

Con todo ello os invito a practicar y aplicar las técnicas y, sobre todo, a disfrutarlas, ya que permiten mejorar la agilidad mental de todo el mundo.

© de la edición en castellano, 2012:
Editorial Hispano Europea, S. A.
Primer de Maig, 21 - Pol. Ind. Gran Via Sud
08908 L'Hospitalet - Barcelona, España
E-mail: hispanoeuropea@hispanoeuropea.com
Web: www.hispanoeuropea.com

Depósito Legal: B. 16.767-2012

ISBN: 978-84-255-2034-1

Consulte nuestra web:
www.hispanoeuropea.com

Impreso en España
Limpergraf, S. L.
Mogoda, 29-31 (Pol. Ind. Can Salvatella)
08210 Barberà del Vallès

Recomendaciones

Aquí os dejo algunos títulos relacionados con el tema de este
libro, así como fuentes de información que también pueden
ser de utilidad si se quiere complementar la formación.

> **Campayo, Ramón**. *Desarrolla una mente prodigiosa.*
  Editorial Edaf.
> **Campayo, Ramón**. *Curso definitivo de lectura rápida.*
  Editorial Edaf.
> **Campayo, Ramón**. *Aprende un idioma en 7 días.*
  Editorial Edaf.
> **Dilts, Robert**. *El poder de la palabra.*
  Editorial Urano.
> **Tony Buzan**. *El libro de los mapas mentales.*
> **Tony Buzan**. *Cómo crear mapas mentales.*